" 4차 산업혁명 시대의 힘(POWER) **"**

메타인지와
말하는 공부

"4차 산업혁명 시대의 힘(Power)"
메타인지와 말하는 공부

초판 1쇄 발행 2017년 6월 30일
초판 4쇄 발행 2019년 11월 15일

지은이 김판수 · 최성우 · 양환주 | **펴낸이** 박찬익 | **편집기획** 권이준 | **편집디자인** 강지영
펴낸곳 패러다임북 | **주소** 서울시 동대문구 천호대로 16가길 4
전화 02) 922-1192~3 | **팩스** 02) 928-4683 | **홈페이지** www.pjbook.com
이메일 pijbook@naver.com | **등록** 2015년 2월 2일 제305-2015-000007호

ISBN 979-11-955480-7-1 (03370)

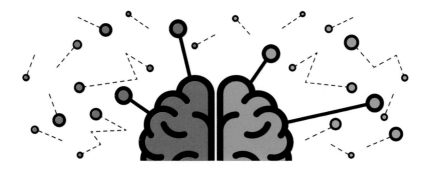

메타인지와
말하는 공부

김판수, 최성우, 양환주 지음

패러다임북

간절히 원하면
이루어진다.

그러나 원하기만 해서는 아무 일도 일어나지 않는다.

시작하고 행동으로 옮겨야 한다.

우리 두 교수의 만남으로 부모와 아이 그리고 학교가 함께 행복해지기를 바라는 모임이 시작되었다.

숭실대학교 CK교수학습계발연구소를 설립하고 교육에 대한 열정과 정성으로 가득 찬, 눈에 넣어도 아프지 않을 정도로 사랑하는 학사, 석사, 박사 과정의 연구원들과 동고동락하며 공부에 지쳐있는 학생들과 부모님들에게 신선한 자극을 주기 위한 연구를 계속하고 있다.

불행히도 요즘 우리 아이들은 폭력적이고 선정적이며 부정적인 자극들에 무방비 상태로 노출되어 있다. 컴퓨터와 스마트폰, TV를 통해 접하게 되는 각가지 게임, 만화, 영상 등등. 이러한 부정적 자극들은 아이들의 학습을 방해한다.

그렇다면 어떻게 하는 공부가 아이들에게 긍정적 자극이 될 수 있을까?

공부의 긍정적 자극을 만들어주기 위해 이론을 연구하고 자기주도

학습과 말하는 공부인 메타인지 학습모형을 개발하였다. 그리고 전국의 학생, 부모, 선생님들을 만나왔다. 그 결과를 국내외 학술대회에 발표하고 지속적으로 우수 논문으로 인정받는 등의 성과들을 이루어왔다.

그럼에도 불구하고 아직 너무나 많은 부모와 아이들이 교육을 고통으로 생각하고 있다.

더 많은 사람들의 행복을 위해 어떤 노력이 필요할까?

수많은 시도와 만남을 통해 내린 결론은 학생에게는 바로 "말하는 공부 메타인지 학습법"이었고 부모들께는 "자존감 회복"이었다.

아이의 변화를 위해 부모의 변화가 필요하다.

부모의 자존감 회복!

그래야 아이들이 행복해지고 가정이 그리고 학교가 행복해진다. 행복한 부모를 보고 자란 아이가 더 행복해진다. 아이의 행복을 바라기 전에 부모가 행복해져야 하는 것이다.

《메타인지와 말하는 공부》는 부모의 자존감과 우리 아이들의 행복감으로 전이될 것이다. 행복한 가정을 만들기 위한 우리들의 노력과 연구들이 도움이 되기를 간절히 바란다.

미국의 의사 맥스웰 몰츠(Maxwell Maltz, M.D., 1889~1975, 컬럼비아 대학교에서 의학 박사 학위를 취득하였고, 암스테르담대학,

파리대학, 로마대학 등에 재직했다.)는 3주, 즉 21일 동안 원하는 행동을 계속하면 습관이 된다는 '21일의 법칙'을 발견했다.

3주 혁명, 아이에게서 원하는 변화가 나타나기까지는 계속해서 시도해야 한다.

습관이 만들어지는 시기나 방법에 대한 수많은 연구가 있지만 맞다 혹은 그렇지 않다고 확신할 수 없다. 그러나 한 가지 확신할 수 있는 것이 있다. 시도하지 않으면 아무 일도 일어나지 않는다는 것이다.

그리고 그러한 작은 시도가 모여 모임이 만들어졌고, 수많은 모임들이 모여 이 책이 만들어졌다.

책을 읽고 실천하는 작은 노력이 다시 모여 큰 성공을 만들어낼 것이라 기대한다.

이 책을 읽고 마음의 변화가 시작되기를, 작은 성공의 경험이 쌓여 큰 성공을 이루기를, 그리고 행복의 문으로 들어가기를 간절히 소망한다.

행복한 마음의 변화! 《메타인지와 말하는 공부》 이 책이 또 한 번의 행복한 자극이 되기를 바란다.

아울러 이 책이 나오기까지 사랑하는 제자들인 연구원들의 노력도 계속되기를 바라며,

- 선한 카리스마 우리 연구소의 기둥 전규태 연구원
- 감성 충만 눈물 많은 여리고 착한공주 이다현 연구원
- 연구소 비주얼 담당에 당차기까지 한 센스쟁이 함수민 연구원
- 3개 국어를 하는 조용한 지성미인 전민경 연구원
- 자칭 숭실대 이소룡이라고 주장하는(진짜 닮았음) 이성오 연구원

우리 연구원들이 끊이지 않는 지적 호기심으로 세상에 이로운 연구자로서 성장하길 바라며 이 책이 만들어지기까지 학업과 연구, 과제수행, 수업활동 중에도 노력을 아끼지 않았음에 감사를 표한다.

끝으로 현장에서 끊임없이 〈메타인지와 말하는 학습법〉을 고민하고 연구하면서 적용하는 열정과 끝없는 지적 호기심에 타오르는 공동저자인 양환주 연구위원님께도 감사하는 마음을 전한다.

《메타인지와 말하는 공부》를 펴내며….

한국 교육에 대한 남다른 관심과 열정, 그리고 미래지향적인 식견을 갖고 있을 뿐만 아니라 현장의 다양한 경험을 갖고 있는 김판수 교수님이 '메타인지와 말하는 공부'를 출간한다는 소식을 접했다. 이 책은 공부가 무엇인가에 대한 답을 이론적이며 현장적인 감각으로 독자에게 던져주고 있다.

한국 학생들은 공부에 대한 흥미와 자기주도학습력의 지수가 OECD 국가 중 거의 최하위에 있다. 이는 학습현장에서 대부분 타인에 이끌리어 학습을 하게 되는 결과를 낳는다. 그래서 한국 학생들을 볼 때, 아이들의 '영혼 없는' 눈동자를 자주 마주치게 된다. 마치 무기력을 학습하기라도 하는 듯 학년이 올라갈수록 아이들의 학습의욕은 떨어지고 갑갑한 공기가 교실을 가득 채운다. 결과적으로 자아존중감에 부정적 영향을 줄 수 있다.

상상하기 어렵겠지만 수업시간에 엎드려 자고 있거나, 거울을 보고 있거나, 손톱이나 만지고 있거나, 심지어는 만화를 그리거나 교과서와 노트에 낙서를 하면서 수업시간을 보내는 아이들은 '공부하는 척만할 뿐 진실하게 공부에 시간을 투입'하지 않는다. 그 결과 공부 실패의 끝없는 경험을 하게 되고 공부에 대한 개인적 무기력이 만들어진다.

이러한 심각한 학습무기력 경험을 안고 있는 학습자를 도울수 있는 방법을 이 책은 제시하고 있다.

아이들의 성적이 떨어진다고 해서 자주 학원과 과외를 바꿔주는 것을 피해야한다. 성적, 즉 공부는 선생님 또는 배우는 장소를 달리한다고 변화되는 것이 아니라, 학생 본인이 진실로 학습에 시간을 얼마나 투입 하느냐에 달려 있다.

교육의 본질은 사람의 행동을 변화시키는 과정이기에 성적과 숫자의(몇 점, 몇 등) 변화는 그 이후에야 만들어지는 것이다.

오히려 자주 배우는 장소를 달리한다면 학생 스스로가 "나는 아무리 노력하고 방법을 바꿔도 안 되는 사람이구나!"라는 학습무기력을 만들어준다는 사실을 이 책은 말해주고 그 대안을 확실하게 제시하고 있다.

공부를 정의하는 데에 있어서 가장 확실하고 명확한 답은 바로 '모르는 것을 줄여가는 경험'이라고 할 수 있다. 즉 공부란, 교실에서 교과서를 가지고 하는 공부뿐만 아니라, 세상을 살아가면서 나의 부족함, 무지함을 줄여나가는 모든 과정을 포함한다. 그리고 모르는 것을 줄여나가는 경험을 할 때, 비로소 공부의 재미를 느끼게 되는 것이다. 이 같은 근원적인 문제에 대한 답을 이 책은 제시하고 있다.

　모르는 것을 줄여나가는 경험이 공부라면, 내가 무엇을 알고 있고, 무엇을 모르고 있는 지를 스스로 알아야 줄여나가는 노력을 할 수 있지 않을까?

　바로 이 책의 저자인 김판수 교수님은 이러한 고민을 해결하기 위해서는 메타인지를 통한 말하는 공부가 매우 중요하다고 강조하며 학습에서 무기력하거나 흥미를 상실한 학생과 부모님들께 김 교수님의 학습에 대한 오랜 경험을 통해 얻은 진실한 사실을 이 책에서 자세히 제시하고 있다. 나 또한 오랜 세월 교육현장에서 이러한 고민을 끊임없이 연구한 학자로서 이 책은 학생과 부모님이 갖는 학습에 대한 다양한 고민에 크게 도움이 되리라 믿어 의심치 않으며, 이 책을 강력히 추천하고자 한다.

　특히 이 책은 학습의 핵심인 메타인지 능력을 자신이 아는 것과 모르는 것을 구별하고, 나아가 아는 것과 정확히 아는 것을 구별하는 능력이라 정의하고 이를 구체적으로 현장학습의 문제와 관련시켜 설명하고 있다.

공부 한다는 일은 학습자가 학습권을 갖는다는 의미이다. 학습자는 학습의 목표 설정, 학습자료 선택, 학습전략 형성 그리고 학습 목표에 대한 평가의 과정을 갖는다. 이러한 과정에서 메타인지는 전 과정을 통제하고 주도하는 역할을 한다. 이러한 과정을 통해 성숙된 학습자는 성장하게 된다. 이러한 메타인지의 역할을 통해 자기학습에 대해 성찰하고 되새겨보며, 시간을 두고 생각을 정리하고, 실패 상황에서도 배워야 할 점을 기억하고 간직하는 과정이 학습자에게 필요하다. 이러한 고차원적인 학습 과정에서의 전략에 관한 다양한 정보를 이 책은 제공하고 있다.

자신만의 학습전략과 학습의 전 과정에 대한 분석은 물론, 자기 자신을 성찰할 수 있는 메타인지 능력을 갖도록 학습자를 도와주는 이 책을 적극 추천한다.

송인섭
(숙명여자대학교 명예교수)

4차 산업혁명 시대가 빠르게 도래함에 따라 교육의 방향과 미래도 달라져야 할 때가 왔습니다. 즉, 단순히 머리로만 아는 이론이나 지식 위주의 교육에서 벗어나서 실제 생활에 적용이 가능한 문제해결 능력, 창의력, 소통능력, 리더십 개발 등과 같은 핵심역량 중심의 교육(competency-based teaching)이 이루어져야 하는 시대에 살고 있으며 이에 따라 이제는 미래가 요구하는 진정한 인재상이 무엇인지 진지하게 고민하고 찾아야 할 때가 되었습니다.

이에 따라 학습자에게 4C(creativity, collaboration, communication, critical thinking)의 능력이 매우 중요시 여겨지는 이 때에 숭실대학교 최성우, 김판수 교수가 펴낸《메타인지와 말하는 공부》라는 책이 매우 시기 적절하게 나오게 되어 많은 독자들에게 큰 도움을 줄 것으로 기대됩니다. 특히 '메타인지(metacognitive awareness)'는 본인의 전공인 읽기전략 지도와 밀접한 부분이어서 참 반가웠는데 본인의 20년 넘는 대학생 강의 경험에서 매우 중요시 여기는 부분이며 학습자가 학습 내용을 스스로 계획하고(planning), 실행에 옮기고(implementing), 진행 과정을 스스로 점검하고(monitoring), 마지막으로 평가할 수 있는(evaluating) 상위인지전략 능력을 활용할 수 있는 학습자가 되도록 지도한다면 그 학습의 결과는 매우 성공적이게 될 것입니다.

두 교수님은 학자로서 뿐 아니라 교육자로서 남다른 열정과 제자 사랑을 가지신 분들로서 평소에 존경하던 분들입니다. 또한 CK교수 학습계발연구소를 설립하셔서 현장 연계 교육을 하고 계시며 훌륭한 제자들을 길러내시며 교육계에 많은 공헌을 하고 계신데 이러한 두 분의 노력과 헌신이 소중한 책으로 나오게 되어서 진심으로 축하드립니다. 이 책을 통하여 독자가 지도하는 학생이나 자녀들이 미래가 요구하는 리더로서의 소양과 핵심 역량 능력을 갖춘 인재로 성장하리라 믿으며 이 책을 추천해 드립니다.

차경애

(한국외국어대학교 영어교육과 교수)

part 03 메타인지 능력을 향상시키기 위한 효과적인 방법

part 04 4차 산업혁명과 교육의 미래

메 타 인 지 와 말 하 는 공 부

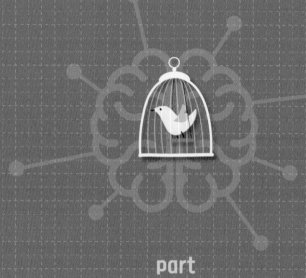

part
01

◇◇◇◇◇◇

무기력에 빠진
아이들

1

왜 우리 아이는 공부를 못할까?

떠올리기만 해도 답답한 이 생각을 오늘도 다시 떠올린다. 평정심을 찾아야지, 되뇌어도 우리 아이 모습만 보면 그저 한숨이 절로 나온다. 부모로서 나는 할 만큼 했다고 생각하는데 우리 아이는 여전히 제자리걸음. 분명 이유가 있을 것이다. 그 원인을 찾아서 고쳐야 할 텐데 당최 알 수가 없다. 혹시 '이것'이 문제인걸까?

우리는 항상 어떤 문제가 터지면 그 이유를 찾아 고치려 한다. 그렇지 않더라도 최소한 찾으려는 시도라도 한다. 우리 아이의 학습, 더 나아가 내 아이가 학습 부진인 것 같으면 부모 된 입장에서 더욱 그렇다. 그런데 그 이유를 딱 발견하기가 정말이지 쉽지 않다. 열길 물속은 알 수 있어도 한 길 사람 속은 모른다던데, 내 마음 한 조각도 알기 어려운 마당에 내 아이 속은 반 뼘짝 길도 모르겠다. 혹시나 하는 마음에 자칭 교육 전문가라는 사람들도 찾아다니고 교육관련 전공서를 찾아 읽어보지만 쏟아지는 학자 이름에 머리가 지끈거리기 일쑤. 무슨 말을 이렇게 어렵게 써놓는단 말인가? 그러다보니 간단

명료하고 쉽게 납득할 수 있는 누군가의 속살거림에 저절로 마음이 간다. 그러면 안 된다는 생각은 들지만 어느덧 나도 모르게 따라하고 있는 나를 발견한다. 우리 아이를 망치게 할 수도 있는 학습에 대한 '편견'일 수도 있는데…….

요즘 아이들의 가장 큰 문제를 꼽으라고 한다면 공부하는 아이들의 눈빛이 반짝이지 않는다는 것이다. 특히 교육현장에서 아이들의 '영혼 없는' 눈동자를 자주 마주치게 된다. 마치 무기력을 학습하기라도 하는 듯 학년이 올라갈수록 아이들의 학습의욕은 떨어지고 갑갑한 공기가 교실을 가득 채운다. 가장 적나라한 무기력의 표현은 아마도 엎드려서 잠이라는 무의식의 세계로 빠져드는 아이들의 모습일 것이다. 해가 지날수록 펼쳐지는 지식의 향연 속에서 반짝여야 할 아이들의 눈빛이 왜 계속 빛을 잃어가는 걸까? 생동감 넘치는 배움이 일어나야 하는 교육 공간에서 왜 아이들은 점점 무기력해지기만 하는 걸까?

우리 아이들의 학습이 이루어지는 공간은 크게 집, 학교, 학원이다. 그런데 그 어느 공간에서도 학생들은 외부로부터의 평가에서 자유로울 수 없다. 자신을 평가하는 눈들이 주변에 가득하기 때문이다. 항상 시간에 쫓기기 때문에 배우고 익히는 학습보다는 시험 점수에 급급한 평가중심 학습에 치우쳐져 있다. 학생들이 배우는 지식의 양은 나날이 방대해지지만 이것을 꼭꼭 씹어 소화시키기도 전에 얼마나 많이 아는 지를 정해진 시간 안에 쏟아내야 한다.

이러한 평가중심 교육환경 안에서 아이들은 자기평가와 자기를 돌아볼 겨를도 없이 외부로부터 주어지는 잣대와 평가에 민감해진다. 시험을 통해 남과 자신을 비교하는 환경에 지속적으로 노출되다 보면 어제보다 나아진 나를 돌아보는 것이 아니라 옆 친구 혹은 우리 반 일등과 나를 끊임없이 비교하면서 패배감에 휩싸이게 된다. 자신에 대한 정확한 진단이 이루어지지 않아 지나치게 높은 목표치를 잡기 때문에 실패할 확률은 더욱 높아지기 마련이다. 이러한 연속되는 실패의 누적 상황은 결국 학생들이 무기력을 학습하게 되는 원인이 되는 것이다.

더욱 문제가 되는 것은 대부분의 학생들이 자신이 매일 경험하는 실패의 원인을 '능력' 탓으로 돌리는 경우이다. 수학시험에서 60점을 맞은 학생은 자신의 시험지를 보며 처참함을 느낀다. 그리고 이렇게 단정 짓게 된다.

"난 역시 수학적 머리가 없는 모양이다. 수학 점수를 잘 받는 아이들은 진짜 타고난 천재들일 거야."

나중에 좀 더 다루겠지만 이렇게 성공이나 실패의 원인을 어딘가에 돌리는 경향을 '귀인성향'이라고 한다. 과연 이 학생의 다음 행보는 어떻게 될까? 아마도 평생 우리 반에서 1등을 항상 놓치지 않는 머리 좋은 친구를 부러워만 하면서 자신이 개선해야 할 사항에 대해서 노력하려는 생각조차 해보지 않을 것이다. 이로써 발전가능성은 안타깝게도 차단되어 버리는 것이다.

하지만 성적이 낮은 원인을 자신의 '노력' 부족으로 돌릴 경우 이어지는 행동은 달라진다.

"역시 이번에 ○○영역을 대충 이해하고 넘겼더니 그 부분에서 문제를 많이 틀렸구나. 이번에 틀린 문제를 중심으로 다시 개념을 정리하고 이해해야겠어. 그리고 이번에는 60점을 맞았지만 다음 시험에서는 좀 더 노력하면 70점을 맞을 수 있을 거야."

자신이 어찌할 수 없는 타고난 능력 탓을 하는 것이 아니라 자신이 얼마든지 수정 보완이 가능한 '노력'에 원인을 돌릴 수 있는 '힘(power)'이 있는 학생들은 자신의 상태를 객관적으로 진단하고 자신이 기울인 노력의 결과에 대해서도 강한 기대감을 품게 된다. 또한 자신이 못한 것에만 집중하기 보다는 이전보다 나아진 부분에 대해서 자신을 칭찬하며 자존감을 지켜낼 줄도 안다. 따라서 우리 아이들의 눈빛이 학습을 통해 반짝이게 하기 위해서는 '능력' 보다는 '노력'에 초점을 갖도록 할 수 있게 해야 한다.

이와 관련된 것이 또한 '목표성향'이다. 목표성향에 대해서 간단하게 짚고 넘어가 보자. 먼저 목표는 왜 중요할까?

첫째, 목표는 지금 당장 무엇을 해야 할지를 알려준다. 목표가 없다면 그저 방황하며 시간만 흘려보낼 가능성이 크며 자신의 행동을 계획하고 수정할 수 없다.

둘째, 자신이 세운 목표는 강력한 동기부여의 요소가 된다. 목표는 내가 원하는 방식으로 조직할 수 있는 퍼즐의 밑그림이다. 당장 눈앞에는 어지럽게 퍼즐조각들이 널려 있어 막막할 수도 있지만 완성되었을 때 퍼즐의 모습이 어떠할지를 보여주는 예쁜 밑그림은 조각들을 하나하나 맞춰나가게 하는 원동력이 된다. 간절히 원하는 미래의 목표를 보면서 우리는 노력하고 인내할 에너지를 얻는다.

마지막으로 목표는 현재 나의 모습을 구체적으로 직시하게 해준다. 목표라는 방향이 없을 경우 내가 지금 어디쯤 와 있는지 구체적으로 그려낼 수 없다. 하지만 기준으로 삼을 목표가 선명하게 있다면 나의 현재 모습을 제대로 진단하고 대책을 마련할 수 있다. 영혼 없는 눈빛의 학생들에게는 목표가 없을 가능성이 높다. 단순히 학습을 위한 목표가 아닐지라도 인생의 행복을 위한 목표를 간직하는 것이 꼭 필요하다.

연구자들은 목표를 크게 두 가지 형태로 구분한다. 먼저 학습목표(learning goal)는 학습을 통한 성장을 목표로 한다. 학습목표성향의 학생들은 공부 그 자체에 가치를 두고 자신의 능력을 향상시키는 데에 목적을 두기 때문에 '노력'을 통해 성장할 수 있다고 믿는다. 실수를 하거나 실패 상황에 직면했을 때에도 좌절하기보다는 이러한 경험을 통해 자신이 배운 것에 초점을 맞추는 경향이 강하다. 따라서 실패를 두려워하지 않고 도전적인 과제를 시도하고 다양한 전략들을 사용하는데 거리낌이 없다. 다양한 연구결과에서 나타나듯이 학습목표성향을 가진 학생들은 학업에서 쉽게 포기하지 않으며 도전과제들을 즐겁게 받아들이고 노력을 통해 성공에 이를 수 있다고 여긴다.

다른 하나는 평가목표(performance goal, 수행목표라고도 함)인
데 이는 자신의 능력을 주변인들에게 입증해보이고자 하는 목표이
다. 타인에게 자신의 능력을 증명해보이기 위해 공부를 하기 때문에
대체적으로 도전적인 과제보다는 안정적인 과제를 선호한다. 평가목
표성향의 학생들은 자신의 우수한 능력을 다른 사람들에게 끊임없이
입증하는데서 만족감을 얻는다. 한편 최대한 자신의 부족한 점을 들
키지 않고자 회피하는 태도를 보인다. 공부를 시작하기도 전에 주변
친구와 비교해서 승산이 없다고 판단되면 시작해보지도 않고 포기해
버린다. 평가목표성향을 보이는 학생들은 자신이 잘하는 부분만을
부각시키고 잘 못하는 부분은 최대한 덮어두고 감추려고 든다. 자신
의 능력을 입증하는 수단이 곧 학습이기 때문에 성공확률이 비교적
높은 과제만을 선호해서 성장 가능성이 낮을 수밖에 없다. 실패 상황
에서도 타인의 평가가 두려워 쉽게 주눅이 들고 만다. 그리고 자신의
노력으로는 이러한 상황을 반전시키지 못한다고 단정 짓게 된다.

여러분의 자녀는 어떤 목표성향을 가지고 있다고 생각하는가? 학
업의 목표가 배움 그 자체의 즐거움인가? 아니면 타인의 시선과 평
가가 우선인가?

사실 이 두 가지 목표성향은 상호 배타적이기보다는 균형을 맞춰야
하는 것이다. 자신이 노력해서 이룩한 성장을 주변인들에게 증명해

보이고 싶은 마음은 누구에게나 있기 때문이다. 그러나 실패상황을 더 많이 경험할 수밖에 없는 우리 아이들이 평가목표 쪽으로 지나치게 치우칠 경우 부작용이 나타날 수 있다. 먼저 과정보다는 결과만을 중시하고 실패를 두려워하여 용감하게 도전하기보다는 물러서기만을 반복하게 된다. 때문에 성장 가능성이 줄어들 수밖에 없다. 또한 주변의 시선을 너무 의식한 나머지 조급증에 시달리고 급기야 편법을 저지르게 된다. "이번에도 점수가 안 나오면 주변에서 나를 어떻게 평가할까?" 하는 불안감 때문에 결국 부정행위까지 저지르게 되는 것이다. 재능은 타고 나는 것이며 겉으로 보이는 결과인 대학간판이나 유명 직업으로 사람을 높게 평가해야 한다고 믿는 환경에서 자란 아이들은 평가목표성향으로 치우칠 가능성이 많다. 과감하고 때로는 무모해 보이는 시도는 애당초 회피해 버리고, 이로 인해 성장은 멈추게 된다.

학생들의 눈빛이 별을 품은 듯 반짝이게 하기 위해서는 자신에게 맞는 목표를 선정해야 하고, 되도록 학습목표성향을 갖도록 격려해 줄 필요가 있다. 무력감도 반복하면 학습되는 것처럼 반대로 낙천성도 반복되면 충분히 학습되고 습관이 될 수 있다. 그리고 신이 아닌 이상 그 누구도 피해갈 수 없는 실패 상황에서 타고난 능력이 아닌 노력에 귀인하도록 해야 하며, 실패를 딛고 일어설 수 있다는 확신과 자신의 변화가능성을 믿을 수 있도록 해야 한다. "내가 원래 그렇지 뭐. 난 이렇게 타고 났는걸."이라고 낙담하기 보다는 "이번에 무엇을 잘못해서 실패한 걸까? 다음번에는 어떤 방식으로 시도해야 성공할 수 있을까?"라고 말할 수 있는 성향이 필요하다.

2

배우고, 가르치고, 양육하는 최종의 목적은 행복이다

몇 년 전 〈조선일보〉(2013.05.14) 기사에서 초·중·고등학교 교원과 학부모, 학생 2,866명을 대상으로 한 설문 내용을 접하였다.(한국교원단체총연합회의 조사결과)

"우리나라 교육으로 인해 행복한가, 고통스러운가?"

이에 초·중·고 교사 72%, 학부모 74%, 학생 81%가 행복하지 않다고 답을 했다. 교사, 학생, 학부모 10명 중 5명이 "교육이 고통"이라고도 답했다. 배우고 가르치고 양육하는 인간답게 살기 위한 기본적인 교육과 양육이 즐겁고 행복한 것이 아니라 힘들고 고통이고 두려움이면 뭔가 단단히 잘못되어가고 있는 것이다.

학생들은 배움을 통해 지식을 쌓아나가고 다양한 직·간접적 경험을 통해 역량을 키워나간다. 나아가 이를 바탕으로 미래의 꿈, 진로, 원하는 목표에 대한 방향을 설정한다. 이처럼 학생들은 배움을 통해 행복한 삶에 대한 기대와 흥분을 키워나가는 것이다.

부모의 입장에서는 신기할 정도로 자신을 닮은 내 아이가 유치원, 초등학교, 상급학교로 성장해 가는 모습을 바라보는 것은 매우 가슴 벅찬 일이며, 그 과정에서 자녀가 보여주는 다양한 모습들은 양육에 즐거움을 더하게 한다.

교사로서 학생들을 가르친다는 것은 그들이 사회의 한 구성원으로서의 활동이며, 성숙되어가는 가치를 발견할 수 있는 의미 있는 활동이자, 최고의 기쁨이다. 인간이 누릴 수 있는 최고의 행복은 사람을 변화시키는 것이다. 사람이 사람을 변화시킨다는 것, 특히 교사로서 그러한 경험을 한다는 것은 어떠한 경험과도 바꿀 수 없는 최고의 경험인 것이다. 그러나 이토록 가치 있는 일들이 고통이고 부담이면 우리의 현실을 되돌아봐야 하지 않을까?

행복은 어떻게 정의할 수 있을까? 행복은 지극히 정의적 개념이고 주관적인 것이라서 정의하기가 어렵다. 오죽하면 독일의 대 문호인 괴테(Johann Wolfgang von Goethe, 1749~1832)나 그리스의 위대한 철학자인 아리스토텔레스(Aristoteles, 384BC~322BC) 역시 행복을 정의하기는 매우 어렵다고 했겠는가. 그들은 굳이 정의한다면 그것은 "최상의 좋음", 그리스어로는 마카리오스(μακάριος; Makarios) 즉 신들이 느끼는 '행복, 희열'이라고 했다. 인간이 어찌 신들이 느끼는 행복과 희열을 이해하고 경험할 수 있을까? 그 정도로 행복은 정의하기 어렵다는 것에 부모님들도 동의할 것이다.

필자는 우연한 기회에 행복의 의미를 이해하게 되었다. 필자의 선배들 중에 국·내외적으로 상당한 성공을 이룬 분이 있다. 누가 보아도 부러울 것 없는 성공(부와 명성 면에서)한 사람. 어느 날 저녁, 선배와 식사를 할 기회가 있었다. 필자는 이러저런 얘기를 주고받던 중 "선배님은 부러울 것이 없겠어요. 가질 것은 다 가졌으니……!"라고 말했다. 그러나 기대와는 다른 답변이 나를 당황하게 했다. "그렇게 보이나?" "사실 죽지 못해 사는데……. 후……." 그리고는 별 말이 없었다. 잠시 침묵이 흘렀다. 필자는 어떠한 대꾸도 하지 못했다. 그건 생각이 많아져서였다. 구체적으로 내가 어떤 생각을 했는지는 기억이 잘 나지 않지만 선배의 대답이 많은 생각을 하게 했던 것 같다.

굳이 왜 그토록 생각이 복잡했냐고 묻는다면 그 선배는 필자의 입장에선 모든 것을 다 가진 성공한 사람이기 때문이다. 아마도 그 선배를 아는 사람들이라면 나와 같은 생각과 반응을 할 것이다. 선배가 어떠한 사정이 있었는지는 잘은 모르겠지만, 왜 그 선배는 내 질문에 그렇게 답을 했을까. 필자는 의문을 뒤로하고 식사 자리를 마무리했다. 그 후로 몇 달이 지나도록 선배의 목소리가 계속 떠올랐다.

"죽지 못해 산다."

나도 모르게 되뇌는 말이다.

그 후 몇 달이 지나서 모 방송사에서 〈아마존의 눈물〉이라는 방송을 우연히 보면서 내 머리를 스치고 지나가는 장면이 있었다. 사실 그 장면은 내 선배와는 전혀 관련이 없는데 그 선배를 자연스럽게 떠올렸다. PD는 원주민에게 질문을 한다.

"여기는 불편한 것이 너무 많고, 의료시설도 교통도, 문화생활도…….
도시에 나가면 모든 혜택을 누리면서 살 수 있는데 도시로 나갈 생각은 없
나요?"

이 질문에 원주민의 대답은 간단하면서도 분명했다.

"우리는 너무 행복하다. 전혀 불편하지 않다. 만족한다. 우리는 부족한
것이 없다."

아! 행복이라는 것은 지극히 주관적인 것이구나! 누군가에게는 절실
한 것이 나에게는 별것 아니고 불편할 것이 없는, 또는 누구에게는 별것 아
니지만 나에게는 간절할 수 있는 것! 행복이란 그래서 정의하기 어려운
것이었구나 하는 작은 깨달음이 있었다.

하긴 우리가 생각하는 행복이라는 것이 거창하게들 생각해서 그렇
지 사실 가만히 생각해보면 사랑하는 사람을 바라보는 것, 피부를 접
촉할 수 있는 감각이 있다는 것, 자유로이 사랑하는 사람을 향해 걷
고 뛰며 이동할 수 있는…… 어쩌면 너무나 쉽게 이루어져서 평소 의
식하지 못할 정도로 자연스러운 일들이 누군가에게는 장애로 또는
불편함으로 간절하게 원해도 할 수 없는 소원과도 같은 일일 것이다.
참으로 내 주변에서 일어나는 작은 행복이라도 감사해야겠다는 생각
을 하게 된다.

우리는 일상에서의 행복을 찾고 소유하기 위해 어떠한 노력들을
하는 걸까? 우리의 부모들은 자신의 행복보다는 자녀의 미래의 행복

에 더 많은 관심이 있는 것 같다. 그래서 그런지 대한민국의 교육열이 세계최고다. 오바마(Barack Obama, 1961~) 전 미국대통령도 인정할 정도이니!

당연 사교육비도 OECD 국가 중 1등, 최고다. 통계에 의하면 대한민국의 사교육비는 1년에 약 32조가 넘는다고 보고되고 있다. 이건 국가예산의 10퍼센트를 차지하는 것이다. 그렇다면 행복지수는 어떨까? 여러 매체를 통해서 언급되었고 알고 있는 것처럼, OECD국가 중 하위권이다. 여기서 여러 가지 질문이 떠오른다. 부모가 아이들에게 배울 수 있는 기회를 주는 것만으로 아이들은 행복해지고 장차 성공할 수 있는 것일까? 배울 장소와 공부하는 환경이 아이의 미래를 행복하게 할 수 있는 걸까? 부모의 수고와 노력, 양육만이 자녀의 성공을 보장하는 것일까? 소위 자녀교육에 성공한 부모들이 말하는 엄마의 정보력과 아빠의 학력, 조부모의 경제력이 자녀의 성공적인 삶에 절대적인 이유가 되는 것일까? 정말 그러한지 통계화 된 연구도 근거도 없기 때문에 단정할 수는 없겠지만 의문을 가질 수밖에 없다. 굳이 체계적으로 연구된 통계가 아니더라도 사회에서 일어나는 현상을 미루어 짐작할 수는 있다. 자녀의 행복과 성공은 위에 언급된 방법만으로는 이루어질 수 없다. 설령 이루어졌다 해도 그건 이루어진 것 같이 보일 뿐, 유지되거나 확장되지 못할 것이다. 행복과 성공은 혼자 또는 가족의 노력만으로는 만들고 이루기가 어렵기 때문이다.

교육은 개인 또는 특정 기관만 책임을 다하면 되는 것이 아니다.

행복을 위한 교육은 사회가 함께 그 책임을 다해야 하는 것이다. 예를 들어 이 책을 읽고 있는 부모님들의 어릴 적 모습을 상상해보자. 과거에는 아이를 낳으면 부모만 교육에 대한 책임이 있는 것이 아니라 너무나 자연스럽게 동네와 마을, 사회와 국가가 함께 그 역할을 했다. 그건 매뉴얼로 역할에 대한 책임이 어느 집단에 얼마만큼 있다고 명시화 되어 있는 것은 아니지만 암묵적(implicit)으로 자연스럽게 약속처럼 일어나는 현상이었다. 기억해 보면 모든 사람들은 자연스럽게 아이들이 성장할 때 지킴이가 되어주었다. 한 아이가 여러 아이들에게 둘러싸여 괴롭힘을 당하고 있다면 그냥 지나치는 어른은 없었다. 적어도 그렇게 하는 것은 나쁜 일이며 옳지 않은 행동이라는 점을 훈계하고 괴롭힘을 당하는 아이를 보호했다. 아이들이 싸우는 모습을 본 어른은 모른 척 지나치지 않고 왜 싸우는지 입장을 들어보고 용서와 화해가 진행되어지도록 교훈하고, 악수하고 화해하는 방법을 가르쳤다. 관계가 좋을 때 잘 유지하는 것도 중요하지만 관계가 손상되었을 때 회복하는 방법도 자연스럽게 배우게 되는 것이다. 또한 어떤 아이가 착한 행동을 한다면 당연하게 생각하지 않고 "너 같이 착한 아이를 둔 부모는 참으로 행복하고 자랑스럽겠다."라고 칭찬하면서 한껏 자존감을 세워 주었다. 다시 말하면 자신의 행동의 결과는 본인에게만 영향이 있는 것이 아니라 부모와 가족에게까지 영향이 있다는 것을 자연스럽게 깨우치게 하고 자신의 행동에 책임감을 갖도록 도왔던 것이다. 바로 이러한 일들이 자연스럽게 일어나는 사회가 건강한 사회이고 안전한 사회인 것이다. 이와 같이 행복한 교육은 개인에서 집단으로 집단에서 사회로 확장되어가야 한다.

그러나 요즘 사회는 매우 불안하다. 잇따라 일어나는 사고들은 부모들을 불안하게 한다. 모르는 사람이 내 아이에게 다가와 관심과 접촉을(머리나 등을 쓰다듬거나 다독이는 행위) 시도하면 불안하고 불편하다.

왜, 이런 사회가 되었을까?
왜, 이토록 관심이 불편하고 어색한 사회가 되었을까?
왜, 우리는 관대하거나 배려하지 못하는 사회가 되었을까?
왜, 우리는 상대에 대한 이타성과 감정이입에 인색하게 되었을까?
왜, 우리는 상대를 바라보는 눈빛이 어색하고 부드럽지 못할까?
왜, 우리는 창의적이 되거나 유연한 사고를 하지 못할까?

사람들은 왜 배우는가? 도덕적이고 상식이 지배하는 사회, 공의와 정의가 공존하고 밤거리 어두운 골목을 지나가도 사람이 사람을 두려워하지 않아도 되는 사회, 그런 사회를 만들고 함께 공유하자고 교육을 받는 것이 아닐까?

배움이 자발적이거나 자신이 주체가 되어 자기주도성을 갖고 수행하는 것이 아닌, 부모를 포함하여 타인에게 의존된 방식으로 진행되어서는 결코 안 될 것이다. 다시 말하면 부모에 의해서 배우는 장소가 선택되기보다는 이미 자녀 스스로가 학교에서 본인의 의지로 공부를 하겠다는 동기가 준비되어야 한다. 그리고 그 외 다양한 배울 수 있는 장소(학원, 과외, 인강)는 자신이 부족하다고 느끼고 있는 것을 보충하고 채우는 보조적인 역할 정도의 수준이어야지 학교 공부는 뒷전으로 하고 학원과 과외에 비중이 크다면, 앞으로 자세히 다루겠지만, 배우는 방법과 학습동기, 어려운 상황을 극복하려는 의지는 약해지고 학습을 포기하는 무기력증이 생길 가능성이 매우 높아진다.

스스로 공부하겠다는 의지!
스스로, 알아서, 혼자서 하는 공부하면 떠오르는 단어가 있을 것이다. 여러 매체를 통해서 자주 접하고, 그 중요성도 매우 강조 되어서 잘 알고 있는, "자기주도학습"이란 용어다.

"자기주도학습"을 빼놓고는 공부를 논할 수 없지만 먼저 '교육'이란 무엇인가부터 정의를 내려 보자. 공부하는 자녀를 둔 부모라면 누구나 성적과 숫자의 변화에 민감할 수밖에 없을 것이다.

몇 점, 몇 등……. 그러나 교육이란 성적과 숫자의 변화만을 의미하는 것은 아니다. 교육이란 성적과 숫자의 변화가 아니라 "사람을 변화"시키는 것이다. 그 사람이 변화 되지 않으면 그 어떠한 물리적인 노력이 있다 해도 성적과 숫자의 변화는 잘 일어나지 않을 것이기 때문이다.

공부는 어렵다. 과거에는 지식을 습득하는 데에 초점을 맞춰 '공부 잘하는 아이'로 키웠다면 현재와 미래는 '생각하는 아이'로 키우기 위해 교육의 관점이 달라지고 있다. 우리 사회는 정답이 하나가 아닌 자신만의 논리로 생각하면서 답을 찾아가는 아이, 주변 이들과의 소통과 공감을 통해 함께 방법을 공유할 줄 아는 인간미 있는 사람으로서의 교육과정을 중시하는 사회로 변화가 이뤄지고 있다. 이 책을 읽는 부모님들께서도 그 점을 인정할 것이다.

부모 입장에서 아이들을 양육하는 것 역시 늘 행복하고 즐겁지만은 않을 것이다. 때로는 좌절하고 고통스럽고 화가 나고 내가 왜 이런 마음고생을 하는지 심지어는 내가 왜 아이를 낳아서 이 고생을 할까 후회한 적도 있을 것이다.

충분히 이해한다. 오죽하면 옛 어른들께서 자식 키우는 것을 농사에 비유 했을까! '자식농사'. 한순간도 마음 편할 수 없고, 바람 잘 날 없다. 성장하는 내내 근심, 걱정을 끼고 살아야 하는 것이다. 부모의 의무라고까지 여겨지는 '양육'이 부모들에게 언제나 행복만을 주는 것은 아닌 것처럼, 아이들의 의무로 여겨지는 '공부'도 아이들 입장에선 늘 즐겁고 재미있지는 않다. 해야 하니까 하는 거지 고통이기는 매한가지일 것이다. 뭐, 그렇지 않은, 공부가 재미있다는 그런 녀석들도 가끔 있긴 하지만……

여기에서 잠깐 질문. 부모님들의 학창시절을 회상해보면 공부가 쉬웠었는지, 아니면 어렵고 고통스러웠던 기억이 더 많았는지? 이렇게 질문하면 대다수는 아마도 이구동성으로 어렵고 고통이었다고 동의할 것이다. 그럼 한 가지 더 질문하면, 지금 이 나이까지 살아보니까 그래도 가장 쉬운 건 무엇이던가? 역시 모두가 같은 답을 하지 않을까 한다. 그건 바로 '공부'라고. 정답!

하지만 그 중요한 깨달음을 지금 현재가 아니라 학창시절에 깨달 았더라면 지금보다는 더 나은 삶을 살고 있지 않을까 하는 후회가 밀려 올 것이다.

누군가가 아무리 애기해줘도 당시에는 그 뜻을 잘 이해하지 못하고 한참이나 지나서야 알게 되는 것, '후회'. 그렇다면 그렇게 타인에게 의존하는 삶이 아니라 스스로 깨닫고 결정하고 행동으로 옮기는 행복한 삶을 살아가도록 하는 방법은 무엇일까? 그 중요하고도 의미 있는 답을 찾아 함께 고민해 보자.

3

만족지연능력과 부모의 자아존중감

아마 여러분들은 '만족지연능력'이라는 용어를 많이 접해 보았거나 익숙할 것이다. '만족지연능력'이란 무엇일까? 정의하면 지금 당장 하면 만족스럽지만 더 큰, 더 나은 만족을 위해서 당장의 만족을 뒤로 미루는 힘이다.

대표적으로 마시멜로(marshmallow) 실험이 있다. 4~5세 정도인 아이들에게 유혹을 뿌리칠 수 없을 정도의 매력적인 것(캔디, 케이크, 아이스크림 등)을 앞에 놓고 실험자가 다시 올 때까지 먹지 않고 기다리면 상으로 맛있는 것을 더 많이 주겠다고 한다. 만일 견디기 어렵다면 종을 치고 먹어도 좋다고 했을 때, 더 큰 상을 받기 위해 그 유혹적인 상황을 기다리고 견딘 아이가 있는 반면, 참지 못하고 당장의 만족을 택하는 아이도 있다. 이러한 결과는 향후 학습자로서, 그 이후에 사회인으로 성장해 갈 때 어떠한 차이와 영향이 있을까?

미국 스미스 칼리지(Smith College)의 필 피크(Phil Peak) 교수는

이렇게 설명하고 있다. 만족지연능력을 갖고 있는 아이는 그렇지 않은 아이에 비해서 일반적으로 대인관계, 의사소통 능력, 문제해결능력 등이 우수하며, 미국수학능력인 SAT에서 평균 100점 정도가 높으며, 사회성도 큰 차이가 있다는 연구결과가 있다. 직장에서 동료들과 원만한 관계와 조직 생활에서도 차이를 보인다고 한다.

자, 그럼 교실 상황에서 만족지연이란 무엇이며 왜 중요한가? 잠시 교실 속 상황으로 들어가보자. 선생님께서 열심히 아이들을 가르치고 있다. 대부분의 아이들이 열공모드에 있다. 그러나 열정을 갖고 가르치는 선생님 눈에 실망스러운 학생들이 하나둘 포착되기 시작한다. 엎드려 자는 학생, 스마트폰으로 무엇인가를 하는 학생, 손거울을 보는 학생, 멍하니 창가를 보며 무슨 생각을 하는지 수업에는 도통 관심이 없는 학생……. 선생님은 순간 좌절한다. 타일러보기도 하고 사정도 해 보고 야단도 쳐보지만 소용이 없다. 이 후 수업은 그 아이들로 인해 엉망이 되어간다. 선생님이 할 수 있는 건 거의 없다. 아이들이 자발적으로 하겠다는 의지가 없다면 더 이상의 방법은 없기 때문이다. 선생님은 자존감이 손상된 채 좋은 수업을 할 수 없다. 같은 반 아이들은 이러한 상황으로 점점 집중력이 깨지고 있다. 공부를 하고 싶은 아이들은 속상하다. 만일 이러한 광경을 부모님들이 보고 있다면 선생님을 탓할 수 있을까?

"선생님이 참 찌질하게 못 가르치는군, 재미있는 수업을 못하는 능력 없는 선생이야……."라고 말할 것인가? 아니면 선생님을 탓하기

보다는 매사에 의욕이 없고 학습에 무기력한 아이들을 보면서 더 속상해 할 것인가? 앞에서 우리가 언급한 것처럼 아무리 잘 준비되고 능력이 있는 교사와 부모라 해도, 자녀(학생)가 하지 않겠다고 하는 순간 해 줄 수 있는 건 거의 없다.

이러한 아이를 어떻게 도와줄 수 있을까? 어떻게 하면 수업에 집중하고 동기를 유발하게 할 수 있을까? 어떻게 하면 자기주도성을 갖고 매사에 흥미와 적극성을 갖고 참여하게 할 수 있을까?

그동안 숭실대학교 CK교수학습계발연구소에서는 이 같은 고민을 해왔고, 그 해결 방법을 찾고자 약 20년간의 연구를 통해 지금까지 약 8만 명에 달하는 초·중·고등학교 학생들을 대상으로 학교 수업 및 캠프 등의 다양한 활동과 방송 프로그램(EBS교육마당, EBS교실이 달라졌어요, KBS아침마당, KBS과학카페, 목요특강, MBC 뉴스데스크 등)을 통해 그 효과성을 증명해왔다.

우리는 다양한 실험과 연구를 통해 하나의 단서에 접근하게 되었다. '자아존중감(self-esteem)'이 그것이다. 학습과 감정 표현 등 여러 가지 면에서 어려움을 겪고 있는 아이들의 자아존중감을 검사해 보면 흥미로운 상황을 접하게 된다.

당연히 예상하겠지만, 성적이 높은 그룹일수록 자아존중감이 높게 나타난다. 나는 존중받을 만하고 가치 있으며, 타인에게 유용하다는 의식이 매우 높다는 의미이다. 반면 자아존중감이 낮은 그룹은, 나는 인정받지 못하고 타인에게 유용하지도 존중받지도 못한다는 의식이 강하며 성적 역시 좋지 않다. 왜 자아존중감은 학습자의 성적과 밀접하게 관련이 있을까?

우리가 알고 있는 성적이 상위 1퍼센트인 아이들을 잠깐 생각해보자. 사실 이러한 상위 1퍼센트의 아이들이 갖고 있는 능력은 일반적인 아이들이 아무리 노력해도 구조적으로 따라가기는 어렵다는 것은 인정해야 한다. 이유는 같은 시간, 같은 양을 노력해도 효율성이 다르기 때문이다. 다시 말하면 같은 시간, 같은 양을 공부해도 남아 있는 기억의 양이 다르다는 것이다.

그러나 이 상위 1퍼센트의 아이들이 말하는 공통적인 부분이 있다. 바로 '주의집중력'이 좋았다고 하는 것이다. '주의집중력', 부모님들도 공감하겠지만 학습에 있어서 또는 일상생활에 있어서 주의집중력은 매우 중요한 요소이다. 아마도 이 점을 부인하는 사람은 없을 것이다. 중요성을 인식해서일까, 방학 때만 되면 집중력 훈련을 위한 뇌파훈련, 집중력 관련 각종 캠프들이 성행한다. 심지어는 아이들에게 '약'을 그렇게들 많이 먹인다고 한다. 어떤 약일까? 부모님들도 한 번쯤은 생각해 봤을 것이다. '총명탕' 같은 것!

미안한 얘기지만 이러한 외부적인 자극으로는 약간의 플라시보 (placebo effect)효과는 기대할 수 있겠지만 근본적인 문제를 해결하기는 어렵다. 그렇다고 실망을 할 필요는 없다. 주의집중력을 키우기 위한 방법이 있기 때문이다.

심리학에서는 아이들이 학습동기를 찾지 못하거나, 수업에서 주의력, 집중력을 갖지 못하고 산만할 때, 심지어 열심히 공부한 내용을 얼마 지나지도 않았는데 기억해내지 못하는 경우, 부모님들이 선택하는 외부적인 자극(약, 뇌파훈련, 캠프 등)에만 의지하지 말고 자녀의 '자아존중감'을 알아봐야 한다고 입을 모은다.

아이의 자아존중감이 중요한 이유는 학습에 있어서 자아존중감의 세 가지 중요한 역할 때문이다.
그건 바로 자녀의 첫째 : 학습동기와

둘째 : 주의집중력,

그리고

셋째 : 기억을 연결하고 결정짓기 때문이다.

그렇다면 아이의 자아존중감은 어디서부터 시작되는 것일까? 결론부터 말하자면 바로 부모로부터 시작되는 것이다. 부모의 자존감이 떨어져 있다면 아이의 자존감도 함께 떨어지고, 부모가 자존감이 높으면 아이의 자존감도 함께 향상되기 때문이다.

부모의 자아존중감과 아이의 자아존중감이 긴밀한 관계를 갖는 것은 참으로 신기하고 무서운 일이다. 이쯤 되면 아마도 자녀를 둔 부모로서 잠시 나의 자존감은 어떨까 하는 질문이 생길 것이다. 그리곤

자신의 자존감이 떨어져 있다는 것 역시 인정하고 싶지 않을 것이다. 이해한다. 자녀가 나 때문에 영향을 받아 지금까지 그랬던 것일까 하는 죄책감 비슷한 생각과 미안한 마음이 드는 것이 부모의 심리이기 때문이다. 자신의 자존감을 알아볼 수 있는 여러 검사 방법이 있지만 간단히 알아볼 수 있는 방법 중 하나는 자신이 최근 일주일 사이 이러한 단어를 자주 사용한 적이 있는지 또는 습관적으로 이런 말들을 하는지를 생각해 보면 안다.

"나는 요즘 왜 이렇게 깜박깜박하지? 왜 이렇게 기억이 나질 않지? 왜 이렇게 건망증이 심해지는 걸까? 나 치매 아니야?"

위와 같은 말을 수시로 사용하고 있다면 자신의 자존감을 한번쯤 의심해 봐도 좋다.

또 하나의 상황으로 어느 날 자녀가 함께 식사를 하다가 갑자기 이러한 말을 하는 것이다.

"엄마 아빠, 저 이제 확실히 '꿈'이 정해진 것 같아요. '목표'가 분명해진 것 같아요."

이렇게 말을 한다면 기분이 어떨까? 너무나 기특하고, 그동안 마음고생 하면서 열심히 키운 보람과 함께 아이가 어떤 생각을 했을까 기대도 되고 들어보고 싶기도 할 것이다. 아이에게 묻는다.

"그래, 뭐가 되고 싶은데~?"

아이들에게 꿈을 묻다

〈출처 : 숭실대학교 CK교수학습계발연구소〉

그러나 이건 뭐, 막상 아이의 대답을 들어보니 영 마음에 들지 않는다. 이때 부모들이라면 어떤 반응을 보일 것인가? 부모님들의 반응에 대해서 실험카메라를 진행해 봤다. 실험 전 부모님들은 자녀의 꿈에 대해서 어떻게 생각하는지에 대한 질문에 대체적으로 아이들이 되고 싶거나 하고 싶은 것들에 대하여 "마음에 들지는 않지만 자녀가 원한다면 믿어주고, 호응하고, 인정하고, 밀어줄 생각이다."라고 대부분 응답을 했다. 그 후 실험카메라는 의도적으로 아이들에게 부모님이 실망할만한 꿈을 말해 보게 하였다.

저는 아이가
하고 싶은 걸 하면
좋다고 생각해요.

딴 걸 한다고 하면
그쪽으로도
밀어줄 생각인데…

아이가 하고 싶은 걸
하도록 우선권을
주고 있어요.

아이들의 꿈에 대한 부모의 마음

〈출처 : 숭실대학교 CK교수학습계발연구소〉

그런데 그 말을 들은 부모들의 반응은 실험 전과는 전혀 달랐다.

"너 지금 뭐라고 했어? 얘가 정신이 있는 거야 없는 거야. 너한테 한 달에 들어가는 돈이 얼만데 그런 소리를 하는 거야? 엄마 아빠가 얼마나 너에게 기대하고 있는데 그런 말을 하는 거야? 다시 한 번 생각해보자, 지금부터 엄마 얘기 잘 들어봐, 꿈이라는 게 단순히 하고 싶다고 다 되는 게 아

아이들의 꿈에 대한 부모의 실질적 반응

〈출처 : 숭실대학교 CK교수학습계발연구소〉

냐, 인생이란 말이야……."

이같이 아이를 설득하고 지금의 생각을 당장 바꿔놓지 않으면 직성이 풀리지 않는 반응을 보였다. 이런 상황이라면 부모 자신의 자존감은 매우 낮은 것이다.

이렇게 질문하고 싶다. 여러분들은 어려서 꿈이 단 하나였는지 아니면 여러 개였는지? 또 변한 적은 없는지? 그리고 그 꿈이 모두 다 이루어진 것인지?

우리는 인정해야 한다. 우리는 여러 가지 꿈을 가지고 있었고 어띠

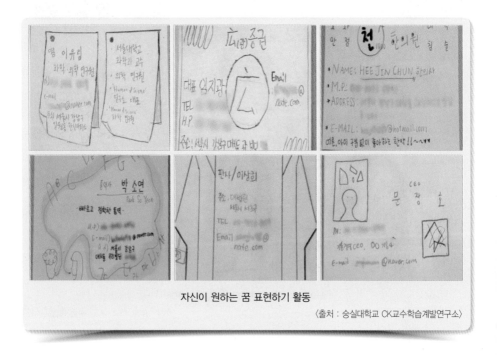

자신이 원하는 꿈 표현하기 활동

〈출처 : 숭실대학교 CK교수학습계발연구소〉

44

한 자극과 경험에 의해서, 그리고 성장하면서 배우고, 보고, 느끼는 가운데 수없이 변화하였다. 그 전에 갖고 있던 꿈을 버릴 수도 있고 새로운 꿈을 만들기도 하고 또는 전에 버렸던 꿈을 다시 가져오기도 하면서 자신의 꿈을 구체화 하는 것이라는 점을 말이다.

나중에 자세히 설명하겠지만 자녀의 꿈을 인정하고 기대해주면서 호응하는 것은 아이와의 관계성에 매우 중요한 영향을 준다.

자신의 자존감은 쉽게 떨어질 수 있다. 시부모에 의해서, 배우자에 의해서, 자녀 때문에 또는 주변 환경의 영향으로 자존감이 낮아질 수 있다. 이러한 상황에서 자신의 손상된 자존감을 회복하는 능력이 중요한데, 좀처럼 회복되질 않는다면 노력만 가지고는 어렵고 전문가의 도움이 필요하다. 이것 역시 인정하는 것도 자존감에 영향을 준다는 사실을 잊지 말자!

결론은 아이의 집중력을 만들어 주기 위해서 앞에서 언급한 것처럼 외부의 자극(약을 먹이거나, 뇌파훈련, 캠프 등)을 주는 방법을 선택하는 것은 일시적인 효과를 기대 할 수는 있지만 장기적인 영향을 기대하기는 어렵다는 점과 지금의 문제를 지속적으로 해결하기 위해서는 부모 자신의 자존감 회복에 신경을 써야 한다는 것이다.

그러한 이유의 배경은 몇 가지 이론에 근거한다. 부모님들께서 특별히 논문을 쓰거나 연구를 전문적으로(그런 분들이 있을 수도 있고)

하지는 않겠지만 배경지식을 알고 있다면 다소 도움이 될 것 같아서 몇 명의 학자를 소개하고자 한다.

　　요즘 초·중·고 학생에게 최고로 인기 있는 심리학자가 있다.
　　재미있게도 아이들 사이에 대화중에 꼭 튀어나오는, "헐～."이라는 수식어와 이름이 같은 심리학자 '헐'(Clark Hull, 1884~1952)이다. 이 학자는 충동감소 이론(drive reduction theory)을 연구했는데 인간의 충동을 두 가지로 보았다. 그림과 같이 일차적인 충동은 근원적

신 행동주의

▶전통적인 행동주의 이론(인간행동=자극에 대한 수동적 반응)에 대한 보완, 확대

충동감소이론
(Drive Reduction Theory)

인간의 모든 행동은 욕구나 충동으로 인한 긴장을 감소시키는 방향으로 진행된다고 주장

헐(Clark L. Hull, 1884~1952)

근원적 충동	일차적 충동	충동	이차적 충동	획득적 충동
배고픔, 목마름 등				글쓰기, 음악창작 등

▶일차적 충동이 만족되었을 때 이차적 충동발생
▶이차적 충동을 감소시키는 방향으로 행동을 유발
▶반응경향성 = 충동 X 습관강도

헐의 충동감소이론

〈출처 : 숭실대학교 CK교수학습계발연구소〉

인 것으로 배고픔, 목마름과 같은 기본적인 것이다. 일차적인 충동이 해소되어야 이차적인 충동인 글쓰기, 창작하기, 사고하기와 같은 행동이 유발되는 것이다.

'헐'에 대해 언급할 때마다 함께 등장하는 학자가 바로, 교육학에서 많이 알려져 있는 매슬로우(Abraham H. Maslow, 1908~1970)이다. 그는 인간 욕구의 위계를 연구했다.

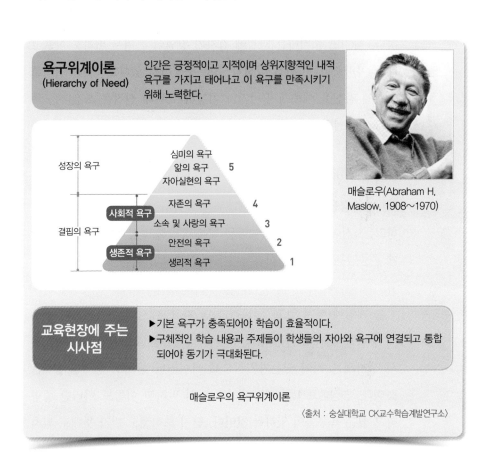

매슬로우의 욕구위계이론

〈출처 : 숭실대학교 CK교수학습계발연구소〉

각각의 단계가 있지만 생리적 욕구, 즉 저차원적인 욕구가 만족되어야 고차원적인 욕구인 자아를 만들고 이 욕구를 만족하기 위해 노력하게 되는 것이다.

좀 더 쉽게 접근하자면 인간은 기본적으로 잘 보이고, 멋져 보이고, 아름다워 보이고, 예뻐 보이고 싶은 욕구가 있다. 쇼핑을 하러 가거나 친구를 만나러 갈 때에도, 그리고 어떠한 중요한 모임 장소를 갈 기회가 있다면 누구나 자신의 외모에 대해 신경을 쓰는 것은 당연하다. 하지만 준비하는 과정에 갑자기 장염이 걸려서 머리도 아프고 배도 아파오더니, 점점 심해져 구토 증상까지 있다고 하자. 이러한 상황에 자신을 예쁘게 꾸미거나 치장하기 위해 신경을 쓰겠다는 욕구가 만들어질 수 있을까?

욕구가 만족되려면 조건상 만족되어야 하는 더 기본적인 것들이 있다. 학습을 하는 학생들도 공부를 잘하고 싶고, 인정받고 싶기도 하고, 자신이 중요한 사람이라는 것을 증명하고 싶기도 하다. 누구에게 존중받는다는 것은 학습자에게 매우 중요하다.

늘 게임에 빠져 있고, 엎드려 잠만 자고, 매사에 무기력하여 공부에 흥미를 갖지 못하는 성적이 낮은 학생들의 소원이 무엇일까? 혹시 생각해본 적이 있는가? 참으로 아이러니 하게도 '공부를 잘하는 것'이다. '인정받고 1등 하는 것'이다. 다시 말하면 이들도 이러한 증명하고 싶은 욕구들이 있다는 것이다. 단지 노력해도 뭔가 뜻대로 되지 않기 때문에 실패를 거듭하면서 무기력해진 것이다.

이런 아이들은 아무리 노력해도(물론 정도의 차이는 있겠지만) 학습에 대한 동기와 집중력을 수업에서 유지하기가 매우 힘들다. 그리고 공부한 내용이 도통 기억나지 않는다. 그렇다면 '헐'과 '매슬로우'가 말하는 것처럼 무엇이 해소되고 무엇이 만족되어야 하는가?

4

작은 성공의 경험과 관계성 회복

우리 학생들의 학습동기, 집중력, 기억력은 어떻게 만들어지는가?

일반적으로 '동기(motivation) 부여'라고 하면 아이에게 칭찬과 격려를 통해서 하고자 하는 의욕을 갖도록 하는 것으로 생각들을 하는 것 같다. 사전에도 동기 부여란 '학습자의 학습 의욕을 불러일으키는 일'(NAVER 국어사전) 이렇게 정의되어 있으니. 뭐 틀린 말은 아니지만 학습자의 동기를 만드는 것이 그렇게 간단하지가 않다.

학습자의 학습 동기는 교육학적으로는 자기정체성 찾기, 자신감 향상, 공부하는 이유, 목표 설정 등과 같은 다양한 요소들에 영향을 받는다. 또 하나의 중요한 점은 학습 동기는 한 번의 자극으로 계속 이어지기 어렵다는 것. 다시 말하면 새로운 자극이 상황에 따라 진행되어야 한다는 것이다. 말이 쉽지, 아이를 늘 따라 다닐 수도 없고 부모를 포함하여 책임감으로 무장한 동기부여 전문가가 나서도 아이들의 학습동기를 지속적으로 상황에 맞게 만들어 줄 수는 없을 것이다.

그건 당연히 불가능한 일이다. 설령 그렇게 할 수 있다 치더라도 부모를 포함하여 타인에게 의존하는 삶은 약한 인간으로서 결코 미래의 역량을 만들어 낼 수 없을 것이다. 스스로가 삶의 주인이 되어야 한다는 것은 당연하다. 다시 말하면 스스로 동기를 발견하고 자기 주체성과, 자발성, 자기주도성을 발휘하는 것, 즉 자신의 삶의 주인은 바로 자신이어야 한다는 뜻이다.

여러분은 아이들에게 그동안 어떤 방법으로 동기 부여를 해주기 위해 노력을 하였는지 자문해 보자. 대부분 비슷한 방법들을 사용했을 것이다. '칭찬과 격려'를 하는 것이다. 그렇다면 그동안 어떤 종류의 칭찬과 격려의 말을 사용해 왔는지 열거해 보자.

1. 넌 할 수 있어.
2. 넌 가능해.
3. 넌 노력을 안 해서 그렇지 하기만 하면 잘 할 수 있어.
4. 넌 기본적인 머리가 있어. 우리 집안이 그렇게 머리가 나쁜 집안이 아니야.

자, 우리가 4가지 정도를 언급했으니 나머지는 부모님들께서 펜을 들고 채워보기 바란다. 지금부터 아래 표에 동기 부여를 위해 사용해 왔던 칭찬의 말을 채워 보도록 하자!

5

6

7

8

9

10

11

12

13

14

15

생각했던 것보다 막상 적어보니 그리 많지도 다양하지도 않다는 것을 알게 될 것이다. 그런 다양하지도 새롭지도 않은 칭찬을, 지금까지 우리 아이는 몇 번째 듣고 있었을까? 아이 입장에서 생각해보면 동기 부여가 아니라 동기 불만만 만들어진 건 아닌지 깊이 생각해볼 필요가 있다.

이 점을 확실하게 하기 위해 한 가지 상황을 만들어 보자. 학생의 동기 부여를 목적으로 학교에서 열정과 책임감으로 무장한 교감선생님이 한 학생을 타깃(target)으로 복도에 마주칠 때마다

"넌, 할 수 있어! 넌, 가능해! 교감선생님이 교직경력이 20년도 넘어서 딱 보면 알아. 넌 기본적인 머리가 있는 학생이야, 조금만 노력하면 넌 잘될 사람이야."

이런 식으로 학생의 동기를 자극하기 위하여 노력을 한다고 가정해 보자. 아이 입장에서는 처음에는 분명 동기 부여가 될 것이다. 교감선생님이 나를 예뻐하고 기대해 주고, 인정하고, 알아주는구나 하고 좋아 할지는 모르지만 계속 반복된다면? 한 달 전에도, 일주일 전에도, 그제도, 어제도, 오늘도 계속 같은 말로 똑같은 상황이 계속된다면 어떨 것 같은가? 잘못하면 아이를 학교에서 못 볼 수도 있다.

교감선생님이 싫어서가 아니라 교감선생님의 기대와 말씀에 부응할 수 없다는 부담감에 자꾸 피하게 되는 것이다. 오히려 의도했던

것과는 달리 역효과가 만들어진 셈이다.

잠깐 생각해 보자. 방송 프로그램 중에서 개그 프로그램이 대중들에게 인기 있고 시청률이 높은 이유는 무엇일까? 이유는 아무 생각 없이 깔깔거리며 재미있게 즐길 수 있으며 순간 임팩트(impact)가 강하기 때문이다. 그런데 그렇게 재미있는 프로그램이 왜 재방송 시청률은 가장 낮은 것일까? 이유는 처음에 봤던 것처럼 여러 번 반복해서 재미있게 볼 수 있지 않기 때문이다.

마찬가지로 아이들에게 순간의 강한 칭찬이 우선 듣기는 좋아도 그런 동일한 방식의 칭찬은 반복해서 들을 때마다 좋은 것은 아니라는 것을 알아야 한다. 그렇다면 학습자들의 동기는 어떻게 만들어지는 것일까?

노골적으로 말해서 자녀에게 칭찬과 격려를 아끼지 않는 이유는 동기 부여뿐만 아니라 그것이 조금이라도 공부에 도움이 되었으면 하는 간절한 이유가 거의 대부분일 것이다. 하지만 서울에 거주하는 중학생을 대상으로 스트레스의 가장 큰 원인을 물었을 때 시험 성적, 진로 문제, 또래 갈등 문제, 성적 충동 등으로 답했고, 자신의 학습 문제는 주로 어디에 있으며 해결 방법은 무엇인가 하는 질문에 어른들과 다른 대답을 내놓았다. 어른들은 학생들의 학습의 문제가 '동기 부여'에 있다고 하지만, 실제 학생들의 대답은 달랐다. 어른들이 해결 방법으로 제시한 동기는 단 6퍼센트 정도를 차지했고 가장 많은 부

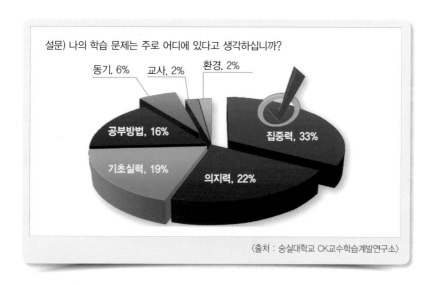

설문) 나의 학습 문제는 주로 어디에 있다고 생각하십니까?

동기, 6%   교사, 2%   환경, 2%

공부방법, 16%

기초실력, 19%

집중력, 33%

의지력, 22%

〈출처 : 숭실대학교 CK교수학습계발연구소〉

분을 차지한건 도표에서 보이듯이 바로 집중력이 33퍼센트였다.

아이들의 대답은 학교에서 집중이 안돼요. 기억이 안나요. 공부하고 싶은 생각이 별로 안 들어요. 선생님 수업이 재미없어요. 등과 같은 반응이다.

그런 학생들에게 "넌, 할 수 있어. 넌, 가능해. 넌, 기본적인 머리가 있어. 자 파이팅~!" 말의 성찬에 불과한 이런 정도의 몇 마디의 칭찬으로 학습자의 동기가 만들어지고, 유지되거나 확장될 것을 기대하기 어렵다는 것을 먼저 인정하는 것부터 시작해야 한다.

상상하기 어렵겠지만 수업시간에 엎드려 자고 있거나, 거울을 보고 있거나, 손톱이나 만지고 있거나, 심지어는 만화를 그리거나 교과서와 노트에 낙서를 하면서 수업시간을 보내는 아이들을 심심치 않게 발견할 수 있다. 이런 상황을 목격하게 된다면 앞에서 잠깐 언급했듯 모두가 그런 건 아니지만 대부분의 학부모는 상황을 왜곡해서 보려고 한다.

앞장에서 잠시 언급된 상황을 기억해보자!
'선생님이 되게 못 가르치는 선생인가 봐, 흥미 있는 수업을 하지 않으니까 아이들이 졸며 딴 짓을 하지……'
그러나 상황을 잘 지켜보면 그건 오해인 것이 그 와중에도 선생님의 수업에 몰입을 하고, 재미있어 하고 연실 고개를 끄덕이며, 중요한 내용을 노트하고 집중을 유지하는 아이를 보게 된다.

이러한 현상을 어떻게 이해해야 할까. 왜 같은 상황에서 우리아이만 학습에 무기력할까? 우리는 그 점을 이해하기 위해 셀리그만(Martin Seligman, 1942~)의 이론을 살펴볼 필요가 있다. 그는 학습된 무기력이라는 이론(learned helplessness theory)을 정립했다. 원래 학습은 인간이 살아가면서 사람답게 살기 위해 잘 배우는 법을 가르쳐주는 과정이나 절차를 말한다. 그런데 정 반대로 생각한 심리학자가 바로 그였다.

셀리그만은 전기충격이 가해지는 방에 개를 집어넣고 옆 칸으로 뛰어 넘어가면 전기충격을 피할 수 있도록 한 실험을 실행하였다. 실

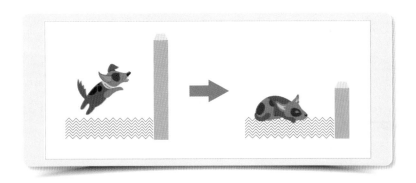

험이 진행되는 동안 개들은 처음에는 어떻게든 전기충격을 피하려 필사적으로 노력했다. 하지만 칸막이는 자신의 능력으로는 뛰어넘지 못할 정도의 높이라서 매번 실패를 경험한다. 개들은 점점 자신의 행동이 아무 소용 없다는 사실을 아주 느리고 고통스럽게 학습했다.

오랜 학습이 끝난 뒤, 개들은 이제 전기충격을 받더라도 그저 바닥에 누워 낑낑거릴 뿐이었다. 상당한 시간이 흐른 뒤에 개들은 충분히 뛰어 넘을 수 있는 높이로 칸막이를 낮게 한 후에도, 계속 전기충격을 받기만 하고 피하려 하지 않는다. 마침내 셀리그만은 개들에게 무기력을 학습시키는데 성공했다.

셀리그만은 원래 우울증을 연구하던 심리학자였다. 그가 무기력에 관심을 가진 이유도 우울증 환자들이 공통적으로 무기력했기 때문이다. 그는 사람들을 무기력하게 만드는 환경이 무엇인지 알고 싶어 했고, 그걸 안다면 우울증을 유발하는 환경도 추측할 수 있을 거라는 생각에 도달한 것이다. 실험을 통해서 그가 알아낸 무기력의 핵심 조건은 '내 의지와 노력이 아무 소용 없다는 의식'이었다.

어릴 적부터 얇은 쇠사슬에 발이 묶여 자란 코끼리는 다 자란 후에도, 이제는 그 쇠사슬 정도는 쉽게 뽑아버릴 수 있음에도 여전히 쇠사슬에 묶여 지낸다. 학습된 무기력의 힘이다.

아무리 노력을 해도 아무런 긍정적인 변화가 없는 경험들. 어쩌면 우리에겐 익숙한 경험들이다. 어떤 사람들은 수많은 실패와 좌절 속에서도 포기하지 않고 다시 도전하고 다시 일어서려고 노력하지만, 반대로 자신은 더 이상 노력을 해도 소용 없기에 또 실패할 것이기 때문에 더 이상의 도전과 노력은 의미가 없다고 단정하고 포기하는 사람들이 있다. 아마도 두 가지 부류의 사람들이 주변에 있다면 떠올려 질 것이다. 여러분의 자녀는 어느 쪽인가? 후자의 경우라면 평소 우울증도 피할 수 없을 것이다.

OECD 국가 중 한국인의 자살률이 최고인 이유도 이와 무관하지 않을 것이다. 자살은 우울증의 가장 비극적인 결과 중 하나다. 질병, 노년, 빈곤이나 높은 취업 경쟁률, 대입에서의 패배, 부모의 기대에 부응할 수 없다는 자책 등을 그 원인으로 말하기도 하지만, 우리는 현실이 힘들다고 쉽게 포기하지는 않는다. 그러나 우울증이 있거나 무기력이 이미 상당히 학습되어 있다면 현재만이 아니라 미래도 지금과 마찬가지일 거라는 절망, 아니 더 나빠질 거라는 부정적인 생각에 압도된다면 자살이 마지막 돌파구가 되는 것이다.

이러한 심각한 무기력을 경험하고 있다면 어떻게 도울 수 있을까?

첫째는 아이들의 성적이 떨어진다고 해서 자주 학원과 과외를 바꿔주는 것을 피해야 한다. 성적, 즉 공부는 선생님 또는 배우는 장소를 달리한다고 변화되는 것이 아니라 학생 본인에게 달려있기 때문이다. 교육의 본질은 사람을 변화시키는 과정이기에 성적과 숫자의 (몇 점, 몇 등) 변화는 그 이후에야 만들어지는 것이다. 오히려 자주 배우는 장소를 달리한다면 학생 스스로가 "나는 아무리 노력하고 방법을 바꿔도 안 되는 사람이구나!"라는 무기력을 느끼도록 만들어 주는 것은 아닌지 진지하게 깊이 생각해 볼 필요가 있다.

둘째는 작은 성공의 경험을 할 기회를 만드는 것이다. 작은 성공의 경험이 여러 번 반복되어야 큰 성공도 하는 것이지 작은 성공의 경험도 없는 아이가 갑자기 큰 성공을 하게 되는 일은 없기 때문이다. 부모 입장에서는 학교에서 선생님 질문에 손을 번쩍번쩍 들고 답하고 교실 앞으로 나와서 급우들이 지켜보는 가운데 멋지게 준비한 것을 발표하기를 바라겠지만 그건 매우 두렵고 어려운 일이다. '틀리면 창피해서 어떻게 해, 실수하면 어쩌지, 준비했지만 떨려서 준비한 것이 생각나지 않으면 어쩌지⋯⋯.' 이러한 염려와 걱정이 심리적으로 위축하게 만들기 때문이다.

그러한 두려움을 극복하기 위해서는 틀리거나 실수하고 준비한 것이 생각나지 않아 매끄럽게 설명하지 못해도 부끄럽거나 창피하거나 무안하지 않은 대상인 부모 앞에서 미리 설명해 본 경험이 있어야 한다. 잘 했다면 인정받은 경험이 쌓여야 한다. 그런 아이들은 자연스럽게 교실에서 자신의 생각을 표현하게 되고 그 결과로 선생님께 칭찬 받고, 급우들로부터 부러움의 집중을 받아 본 경험을 하게 된다. 이러한 작은 성공이 여러 번 쌓여지도록 기회를 만들어 주는 것이 우선이지, 교실에서 표현하지 못하는 것을 야단하거나 꾸짖는 것은 오히려 아이의 동기와 의지, 노력에 해가 될 것이다. 학습자가 대상에게 설명해 보는 경험의 중요성에 대해서는 다음 장에서 메타인지 학습의 중요성과 관련하여 얘기하겠다.

셋째는 공부도 노력만 가지고 하는 것이 아니라 전략(방법)이 필요하다는 합의가 있어야 한다.

무조건 많은 시간, 많은 양을 공부하게 하는 것은 좋은 결과를 가져오기 보다는 오히려 공부가 지겹고 힘든 것이라는 부정적인 인식만을 갖게 하기 때문이다. 이 점은 뒤에서 자세히 설명하도록 하겠다.

넷째는 과목별 학습법을 아는 것이다. 다시 말하면 수학의 특징과 국어의 특징, 과학의 특징 즉 과목별 특징을 파악하고 공부해야 한다는 것이다. 국어 공부하듯 수학 공부하고 수학 공부하듯 사회 공부하고 이러한 공부 습관은 효율적이지 못하기 때문이다.

과목마다 특징이 있다는 것과 또 하나 중요한 것은 과목의 연계성이다. 특정 과목만 잘하는 것은 바람직하지 않다. 수학이 다른 과목에 영향을 주고 국어 과목이 다른 과목에 영향을 준다. 일반적으로 학부모들 사이에서 '주요 과목'이라는 말을 자주 사용하는데(국어, 영어, 수학, 과학, 사회를 말하는 것이다), 그렇다면 기타의 과목은 중요하지 않다는 것인지 질문하고 싶다. 왜냐하면 체육 과목이 다른 과목에 주는 영향과 미술이나 음악이 다른 과목에 주는 영향을 무시할 수 없기 때문이다. 그리고 특정 과목만 성적이 좋은 학생 보다는 전체적으로 고른 성적을 유지하는 학생이 추후 고차원적인 사고를 요구하는 학습이 진행될 때 그 힘이 발휘된다는 것을 인정해야 한다.

다섯째는 좋은 습관을 가져야 한다. 아침에 일어나는 시간과 저녁 잠자리에 드는 시간, 식사하는 습관과 여가시간을 활용하는 습관, 학교에서 수업에 참여하는 태도와 집중을 위한 자신만의 일정한 패턴, 책상에 앉아 공부할 때 일정한 방법으로 시작하는 순서, 예습과 복습의 순서와 시간, 노트 방법과 나만의 정리 순서 등 이러한 좋은 습관을 가져야 한다.

마지막 여섯 번째는 관계성 회복이다. 사실 공부하는데 가장 중요하다고 강조하고 싶은 부분이다. 아이들이 공부를 하지 않으려 하거나 흥미를 갖지 못하고 자꾸 다른 쪽에 관심을 보이면 부모님들이 할 수 있는 것이라고는 주변의 정보를 얻어서 공부하는 장소를 적극적으로 찾아보는 것이다. 유명하고 규모가 큰 학원, 이름 있는 강사, 또는 EBS 일타강사가 있는 학원에 내 아이를 보내면 일등하고 우등생이 될 것 같고 문제들이 해결 될 것 같지만 별로 소용이 없고 돈만 많이 썼다는 후회가 밀려 올 것이다.

공부에 흥미를 갖지 못하거나 게임중독이나 폭력적인 성향을 보이는 아이들을 검사해보면 대부분 감정이 깨져있는 것을 확인하게 된다. 다시 말하면 이미 깨진 감정이 제대로 붙지 않으면 아무리 외적인 노력을 해도 변화를 기대하기가 매우 어렵다는 것이다.

그러나 대부분의 학부모들은 이러한 감정적인 문제를 해결해서 관계성을 회복하려 하기 보다는 배우거나 공부할 곳만을 찾아서 공부양이나 공부 시간, 공부 환경만을 바꿔보려고 노력하지만 이건 속된 표현으로 "언 발에 오줌 누기" 정도의 해결 방법이다. 감정이, 관계성 회복이 왜 그토록 학습자에게 중요한 것일까?

잠시 예를 들어보기로 하자. 학부모들도 가끔 학교나 지역문화센터 등에서 특강을 들을 기회가 있을 것이다. 모처럼 특강을 듣기 위해서 아침부터 부지런히 준비하고 특강장소에 도착을 했다. 장소에 들어가서 잠시 주변을 살펴보다가 평소 나하고 관계가 너무 안 좋은 우리아이와 같은 반 엄마를 발견한다. 순간 '저 여자가 와 있잖아!' 하면서 신경이 곤두선다. 저 여자와 한 공간에 있다는 게 영 내키지 않아서 그냥 가려고 뒤돌아서는 순간 자신에게 이렇게 생각 한다.

'내가 왜 피해! 모처럼 오늘 시간 내서 일찍 준비해서 온 것도 아깝고 그리고 아이와 나를 위해서 특강을 들으러 왔는데. 저 여자 때문에 망치는 것은 말도 안 돼.'

그리고는 앞줄에 앉아있는 여자를 보며 맨 뒷줄에 앉았다고 가정해 보자. 과연 강사의 강의에 집중할 수 있을까? 강사의 강의보다는 앞줄에 앉아있는 그 여자의 반응에 신경이 쓰일 것이다!

더 나아가 강의를 듣다보니 강사의 강의에 공감을 했는지 그 여자가 연신 고개를 끄덕이며 박수도 치고, 리액션(reaction)을 자주하는 것을 본다면 나의 반응은 어떨까?

'치~ 인간성은 못되고 성질은 괴팍해도 이해력은 좋은가봐!'

이런 반응을 보일까? 아니면

'내 참, 저 여자가 뭘 안다고 저렇게 앞줄에 앉아서 아는 척을 하고 다 이해하는 것처럼 고개를 저리도 심하게 끄덕거릴까! 하여간 오버는……. 어휴 꼴 보기 싫어.'

이런 반응을 보이지 않을까?

반대로 앞줄에 있던 그 엄마가 우연히 뒤를 돌아보다가 관계가 좋지 않은 나와 눈이 마주치게 되었다면 그 순간부터 그동안 집중하며 강의를 들었던 것처럼 강의에 집중할 수 있을까? 그렇지 않다. 뒤에 앉아있는 엄마가 의식이 되어서 집중은 더 이상 되지 않을 것이다. 한 공간에 의식이 될 정도로 관계가 깨진 사람이 함께 있다면 집중하기는 매우 어려울 것이다.

하물며 어른도 이런 상황에서 집중하기가 어렵다면 어린 학생들은 공부하는 교실에 사이가 좋지 않은 급우가 있다면 집중해서 공부하기는 매우 어려울 것이다. 그리고 학교에서 가르치는 선생님과의 관계도 매우 중요하다.

잠시 여고시절을 생각해 보자. 한 선생님을 좋아하고 존경하게 되었다고 가정해 보자. 그렇다면 무엇이 좋아지게 되던가? 맞다. 바로 좋아하는 선생님이 가르치는 '과목'이 좋아지게 된다. 학교에 오는 의미가 달라지고 수업에 즐거움이 생기고 선생님 수업에 적극적으로 참여하고 선생님 질문에 답하는 것이 틀릴까봐 두렵기보다는 선생님의 질문에 손을 들고 반응하는 것이 더 중요해지는 것이다. 바로 이것이 '관계성'이라는 것이다.

그렇다면 이토록 중요한 관계성은 어디에서부터 시작되는 것인가. 이미 많은 논문에서도 언급된 것처럼, 부모와의 관계가 좋은 자녀일수록 학교에서 선생님과의 관계가 좋았으며 급우들과의 관계도 좋았고 이런 아이들은 일반적으로 창의성과 대인관계, 문제해결능력, 자기주도성과 성적이 그렇지 않은 이이에 비해 높았다.

그러므로 자녀가 여러 부분에서 어려움을 겪고 있다면 다른 외부적인 방법으로 문제를 해결하기보다는 나와 또는 아빠와의 관계성에는 문제가 없는지 깊이 생각해 보아야 한다는 것이다.

자녀에게 가르쳐야 하는 매우 중요한 것 중 하나는 관계가 좋을 때 당연히 관계를 잘 유지해야 하지만 관계가 손상되었을 때에 대립하고 경계하고 공격하는 것이 아니라 관계를 어떻게 회복하는가 하는 것을 알게 하고 가르쳐야 하는 것이 부모로서 이 어려운 시대를 살아갈 자녀에게 해줄 매우 중요한 교육이다.

독일의 화학자인 리비히(Justus Freiherr von Liebig, 1803~1873)의 최소량의 법칙이라는 이론이 있다. 한 가지가 부족하면 그 부족한

것에 의해 전체가 영향을 받는다는 이론이다. 그림
에서처럼 여러 개의 나무들을 연결해서 만든 물통
이 약 10만 리터의 물을 채울 수 있는 용량을 갖고
있다고 가정해보자. 그러나 어느 한쪽이 금이 가
있거나 부러져 있다면 물통의 물은 깨진 부분 이상
의 물을 채울 수 없다는 이론이다. 즉 자녀가 재능
도 있고 머리도 좋고, 타고난 능력이 있어도 어느
한쪽 즉 마음의 균형이 깨져있다면 아무리 노력해
도 깨진 마음이 붙지 않는 한, 즉 서운함, 무시당
한 기억, 다른 아이와의 비교, 형제간의 차별의 경
험, 부모의 잦은 싸움과 별거, 어린 시절 친척집에

〈출처 : https://en.wikipedia.org/wiki/
Liebig%27s_law_of_the_minimum〉

서 자란 경험 등 이러한 마음의 상처와 앙금이 해소되지 않으면 아무
리 노력을 해도 별 성과를 얻지 못한다는 의미이다.

　무기력에 빠져 있는 우리 아이를 돕기 위해서는 앞의 여섯 가지를
잘 적용하는 것이 매우 중요하다. 특히 이러한 중요한 것들을 적용하
고자 한다면 자녀가 들어줄 마음이 자연스럽게 생겨야 한다. 그러기
위해서는 자녀와의 관계를 회복하는 여섯 번째의 지침을 잘 적용하
기를 바라며 그러한 부모의 노력을 통해 자녀는 심각한 무기력에서
벗어날 수 있을 것이다.

5

우리 아이 공부 못하는 원인, 내 탓 아닌가?

일반적으로 우리는 성공에 대해 열망하고 어떤 분야에서, 특히 자신이 속해있는 영역에서 두각을 나타내기를 바란다. 부모라면 자녀가 다른 아이들과 비교하기는 좀 그렇지만 학교에서 같은 반 또는 또래아이들 중에서 내 아이가 좀 더 두드러지기를 바란다. 그래서인지 요즘 성공관련 서적이 많이 팔리는 것 같다. 아마도 자녀에게 적용해보고 싶은 마음도 적지 않을 것이다.

하지만 적용하기는 좀 어려움이 있을 것이다. 사실 그와 관련된 서적은 대부분 비즈니스 환경에 맞추어져 있다. 다시 말하면 복잡한 사회생활에서 성공적인 사회인으로서의 역할을 중심으로 짜인 내용이고 그러한 내용을 자녀에게 적용해보는 건 무리가 있다는 것이다.

학생들에게 있어 성공적인 학교생활과 좋은 성적 그리고 학습에 흥미와 즐거움을 유지하기 위해서는 어떠한 성향이 필요할까?

1장에서 얘기한, '귀인이론(attribution theory)'이 기억날 것이다.

조금은 어려운 용어이지만, '학습자에게 귀인성향은 왜 중요한가.'에서부터 시작하기로 하자.

귀인이론을 설명할 때 빠지지 않는 사람이 하이더(Fritz Heider, 1896~1988)와 켈리(Harold Kelley, 1921~2003), 와이너(Bernard Weiner, 1935~)이다. 어려운 이론이라서 하나의 예를 통해 설명하기로 한다.

여러분의 이웃집에 새로운 가족이 이사 왔다고 가정하자. 여러분은 그들이 마음에 들어 식사 초대를 하기 위해 옆집 문을 두드렸고, 이웃사람이 나오자 식사를 함께 하자고 제안을 했다. 그런데 상대방의 반응이 시큰둥하게 느껴진다. 그러면 여러분은 그 이유를 찾으려고 여러 가지 추리를 할 것이다.

내가 마음에 들지 않았나?
아니면 내가 그에게 실수한 것이 있나?
아니면 오늘 몸이 좋지 않은가?
이 사람은 원래 이런 사람인가?

마치 탐정이라도 된 듯 상대방의 시큰둥한 반응의 원인을 찾고 추리하고 이해하려는 과정을 거친다.

이처럼 자신 또는 다른 사람의 행동의 원인을 찾기 위해 추론하는 과정을 귀인(歸因, attribution)이라고 한다. 즉, 행동의 원인에 대해 질문하고 대답을 찾아가는 과정이다. 우리는 옳고 그름과는 별도로 행위의 원인을 명확하게 함으로써 미래의 불확실성을 줄이고 미래의 행동을 예측하기 위해 우리가 관찰한 행동에 대해 귀인 과정을 경험한다.

　이러한 성향은 추후 학습성향에도 영향을 주기 때문에 관심을 갖는 것이다. 혹시 내 자녀가 이런 말을 자주하지는 않는지 생각해 보자.

　그럴 줄 알았어. 내가 그렇지 뭐~
　또 실패할까봐 겁나서 못하겠어요.
　저는 못하겠어요.
　또 해봤자 안될 거예요.

이와 같은 성향을 갖고 있다면 매번 새롭게 진행되는 학습과정이나 새로운 학년에 올라 갈 때마다 기대와 흥미보다는 두렵고, 걱정되고, 불안감에 휩싸여 오히려 피하고 싶은 마음이 생긴다. 이런 아이들의 특징은 잦은 두통과 심한 복통을 호소하고 어깨나 등이 아프다고 하거나, 다리 관절이 아프다고 하는 경향이 있고 소화가 잘 안되고 자주 체하며, 설사를 자주한다. 이렇게 되면 공부를 잘하기는 매우 어렵게 되는 것이다.

우리 애가 시험을 봤는데 0점을 받았다고 가정해 보자. 그런데 만약 이런 결과를 자신의 능력이나 혹은 시험 난이도와 같은 고정된(stable) 요소 즉 학습자가 변화시키기 어려운 요소의 탓으로 돌리면 다음 시험에도 실패할 가능성이 높다.

그러나 반대로 이러한 결과의 원인을 자신이 노력을 기울인 정도나 자신이 변화시킬 수 있는(unstable) 요소의 탓으로 귀인한다면, 다음 시험 때에는 좀 더 노력하고 전략을 바꿈으로써 좋은 결과를 얻을 가능성이 높아질 것이다.

여러분의 자녀는 어떤 성향으로 귀인(귀착) 하는가? 혹시 실패할 가능성이 높은 요인으로 귀인하는가? 그래도 염려할 것은 없다. 조금의 노력만 있다면 분명 좋아질 수 있기 때문이다.

우리가 아는 위대한 인물들 중에는 학창시절에 공부에 관심이 없거나 학습부진을 경험한 사람들이 많다. 어쩌면 여러분의 자녀도 학습부진을 경험하고 있을지도 모른다.

학습부진(school under-achievement)을 정의하면 "정상적인 지적 능력과 학교 수업을 올바로 할 수 있는 잠재력을 지니고 있으면서도 학습장애나 주의력 결핍, 학교생활 부적응, 가정환경, 건강문제 등의 내적 또는 외적 요인으로 인하여 교육 목표에서 설정한 최저 수준의 학업 성취에 미치지 못하는 경우를 일컫는 용어이다. 학습장애와 유사한 개념으로 혼동되기도 하지만, 학습장애는 뇌의 기능장애나 인지적 결함 등의 기질적 문제가 원인이라는 점에서 학습부진과는 구별된다."

학습부진이란 다시 말하면 학습상황에서만 부진하다는 것이다. 게임을 할 때, 친구들과 놀 때, 운동을 할 때, 자기가 좋아하고 흥미 있는 활동을 할 때는 부진하지 않다는 것이다. 만일 다른 상황에서도 부진하다면 그건 아픈 것이다. 그렇다면 학습할 때는 부진하지만 자신이 좋아하는 게임을 하고 놀 때처럼 동적인 활동에서 나타나는 활달한 에너지를 부진한 학습상황으로 옮겨 갈 수 있도록 할 수는 없을까?

우선 결론부터 말하자면 가능하다. 학습부진을 경험하고 흔히 놀기만 좋아하는 아이들에게 진지하게 질문을 한다. 소원이 뭐야?

무엇이라고 대답할 것 같은가? 더 많이 게임하고 노는 거라고 말할 것 같지만 그들의 대답은 의외로 '공부를 잘하는' 것이다. 우등생 되는 것, 1등 한번 해보는 것, 인정받는 것, 그래서 존중받고 싶어 하는 마음이 늘 자리 잡고 있지만 노력을 해도 학습동기가 생기지 않고

집중도 잘 안되고 심지어 공부를 했는데 기억이 잘 나질 않아서 포기
한 것이라고들 말한다.

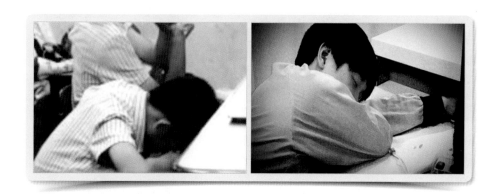

메 타 인 지 와 　 말 하 는 　 공 부

part
02
◇◇◇◇◇◇

메타인지의
"힘"

6

왜, 같은 시간 같은 양을 공부하는데 결과가 다를까?

우선 이러한 아이들의 상태를 알아보기 위해 진단검사를 해보기로 하자. 마치 병원에 가면 환자에게 진단이나 검사를 하지 않고 바로 약을 투여하거나 수술하지 않는 것과 같은 것이다.

자녀의 부진의 원인이 어디에 있는지 무엇이 잘못되어 학습에 흥미를 잃게 된 것인지를 찾아야 한다. 여러 가지 검사들이 있지만 우선 학습스타일 검사를 해보면 그림과 같이 3대 영역과 19개의 하위 요인들이 보인다.

보통의 경우 자녀가 공부를 잘 못하면 인지영역이나 학습에 대한 동기가 부족해서라고 알고 있지만 내용을 들여다보면 생각이 잘못되어 있다는 것을 알게 된다. 검사결과에서처럼, 인지와 학습동기는 그 래프가 50퍼센트 이상으로 올라가 있다. 하지만 학습행동영역은 모두 50퍼센트 이하로 내려가 있다는 것을 보게 된다.

그런데 주목할 것은 19개의 하위요인 중 행동영역에서 수업 내 영역인 T점수 30, 25, 40 아래 내용을 주의해서 보면, 집중전략, 노트

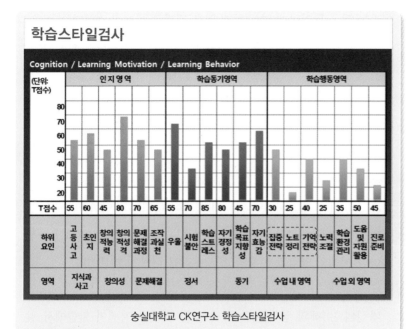

숭실대학교 CK연구소 학습스타일검사

전략, 기억전략 등으로 나타난다는 점이다.

그동안 부모님들은 '집중'하면 어느 영역이라고 생각을 했나? 당연히 인지영역이라고 생각했을 것이다. 또한 기억전략하면 당연히 인지영역이라고 했을 것이다. 그러나 학습에 있어 이 중요한 집중과 기억은 인지영역이 아니라 학습행동영역에 있다는 것을 알아야 한다.

수학을 어려워하는 학생에게 수학을 잘 가르치는 실력 있는 선생님을 모셔놓고 수학만 열심히 최선을 다해서 가르치면 성적이 좋아질 것 같지만, 오히려 자신은 수학은 절대 잘 못하도록 태어난 사람이라는 것을 확인하게 하는 좋지 않은 결과로 이어질 것이다.

수학을 못하는 이유는 단지 수학 과목의 문제가 아니라 학습의 동기와 수업시간과 자신의 공부에서 집중력을 유지하기 어렵기 때문이다. 이렇게 공부한 내용을 기억해내지 못하는 데에 근본적인 원인이 있기 때문에 이 영역을 해결해야 문제에서 빠져나올 수 있다.

우리 함께 이런 생각을 해보자. 왜 훌륭한 선생님과 좋은 교재로, 같은 조건에서 똑같이 공부하는데 성적이 나뉘는 것일까? 단지 학생들의 수준과 이해력의 차이라고 하기에는 조금 찝찝하다. 그건 학생들마다 이해의 영역과 이해의 속도가 각각 다르기 때문이다.

자신의 "이해의 영역"이란 무엇인가? 그것은 자신이 학습에서 알고 있고 모르는 것을 뛰어넘어 아는 것과 정확히 아는 것을 구분하는 것이다. 이러한 자신에 대한 이해는 수업시간에 선생님의 말씀에서 언제 집중할 지를 결정짓는 매우 중요한 요인이다.

"똑같은 뱃속에서 나왔는데, 첫째 아이는 무조건 경험해 봐야 깨닫고 느끼는 스타일이고, 반면 둘째 아이는 직접 경험하지 않아도 말로 설득시키면 잘 듣는 편이다."

둘, 셋의 자녀를 양육하고 있는 부모들이라면 대부분 공감하는 말일 것이다. 이처럼 내 유전자를 받고 태어난 자녀들끼리도 성향이 다른데, 학교 교실 또는 학원 강의실에 모여 있는 다양한 가정환경과 다양한 성품, 다양한 경험을 지닌 30여명의 학생들은 얼마나 더 다를까?

정보를 받아들이는 방법 그리고 정보를 처리하고 활용하는 방법은 사람마다 다르다. 이를 학술적인 용어로 인지양식과 학습양식의 개인차라고 말한다. 여기서 인지양식이란 자신의 주변 환경이나 자극을 받아들이는 방법으로, 어떤 사람들은 주변 환경에 민감하게 반응하여 영향을 받는가 하면(장의존형) 또 어떤 사람들은 주변 상황이나 변화에 거의 영향을 받지 않고 숲보다는 나무를 보는(장독립형) 태도를 보이기도 한다.

　마찬가지로 인지양식이 다른 것처럼 배움의 스타일도 사람마다 다양하다. 이를 학습양식이라고 하는데, 학습을 할 때 구체적인 경험을 통해 정보를 지각하는 학생이 있는가 하면 추상적으로 개념화하는 것을 즐기는 학생이 있다. 또는 자신이 실제로 참여할 수 있는 활동을 선호하는 학생이 있는가 하면 행동보다는 관찰을 선호하는 학생도 있다. 이처럼 다양한 학생들이 존재하듯 다양한 학습양식이 존재한다.

　학생들은 저마다의 이해방식이 다르고 이해의 영역이 다르고 이해의 속도가 다르다. 학교에서 똑같은 선생님이 똑같은 교재로 그리고 똑같은 교육과정과 수업방식으로 가르쳐도 제각각 다른 결과가 나오는 이유가 바로 이 때문이다.

　수업을 하는 교사의 가르치는 수준의 속도와 학생 자신의 이해의 속도가 일치한다면, 수업을 하는 교사의 지도방식과 학생의 정보를 받아들이는 방식이 일치한다면, 그리고 교사가 가르치는 내용이 학생의 이해의 영역과 일치한다면 가장 이상적인 학습의 결과가 나올 수 있다. 하지만 이 삼박자가 맞아떨어지기란 쉽지 않은 일이다. 또한 교사가 다양한 학생들의 학습성향과 속도에 맞춰 내용을 전달하는 것도 현실적으로 어려운 일이다. 학습내용을 전체적인 학생수준에 맞는 언어와 매체를 활용하여 전달하는 것은 교사의 몫이지만 그 지식의 필요와 용도를 결정하고 재배열, 재구성하는 것은 학생의 몫이다.[그림 참조]

성적이 우수한 학생 집단과 평범한 학생 집단 두 그룹에게 다음과 같은 질문을 던져본다. "너는 공부할 때 뭐가 어렵니?" 이 질문에 평범한 학생들은 "국어요.", "수학이요.", "영어요." 등 자신이 부족하다고 생각하는 과목을 아주 모호하게 답한다. 그러나 우수한 학생 집단은 "국어에서 문법이 어려운데, 그 중에서 중세문법의 활용 부분이 어려워요." 또는 "영어의 관계대명사 중에서 소유격 관계대명사의 쓰임이 어려워요." 라고 상당히 구체적으로 대답을 한다. 이 두 집단의 차이는 무엇일까? 가장 큰 차이는 자신이 스스로 부족한 영역을 얼마만큼 구체적이고 명확하게 파악하고 있느냐는 것이다. 질문의 질은 대답의 질을 이끌어내기에 구체적이고 명확한 질문일수록 그에 대한 대답, 즉 그에 대한 해결 또한 명확하게 나오는 것이다. 이러한 능력을 메타인지 학습능력이라고 한다.

이 때문에 평범한 집단의 학생들은 공부를 시작할 때부터 난관에

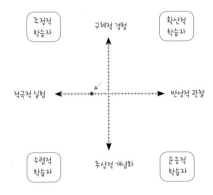

학습양식

학습하는 방식과 일상생활에서 부딪치게 되는 문제 상황을 지각하고 처리하는 방식에 관한 선호도를 나타내기 때문에 문제해결력과도 밀접한 관련이 있음

수렴적 학습자(수렴자)

개념과 이론을 분석하고 종합하는 활동을 선호하며, 자신의 아이디어나 이론을 실제로 적용하면서 문제나 실험에 대한 해결책을 찾는 의사결정능력이 뛰어납니다. 한편, 관심분야가 한정적이며 감성적이지 않은 편이기 때문에 사람과 감정에 관심을 기울이지 않는 모습을 보입니다.

조정적 학습자(적응자)

직접 경험하면서 학습하는 편이며 새로운 도전과 경험을 할 수 있는 계획을 수행하는 것을 즐깁니다. 직감에 의해 행동하는 일이 잦고 혼자 학습하기 보다는 타인의 이야기에 의존하면서 학습하는 것을 더 선호합니다. 실제로 현장에서 경험하면서 목표를 설정하고 문제를 해결해 나가는 방식으로 학습하는 특성이 있습니다.

〈A학생의 학습양식〉

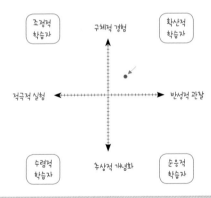

학습양식

학습하는 방식과 일상생활에서 부딪치게 되는 문제 상황을 지각하고 처리하는 방식에 관한 선호도를 나타내기 때문에 문제해결력과도 밀접한 관련이 있음

확산적 학습자(분산자)

다각도로 구체적인 상황을 관찰하는 학습을 즐기며 창의성을 요구하는 브레인스토밍과 같은 활동에서 두각을 보입니다. 팀 안에서 타인의 의견을 경청하면서 정보를 수집하는 능력이 우수하며 개별적이고 자신에게 맞는 피드백을 받기를 원합니다. 한편, 스스로 결정을 내려야 하거나 일반화를 중심으로 학습할 때에는 어려움을 보이기도 합니다.

〈B학생의 학습양식〉

학생들마다 다른 학습양식의 차이

〈출처 : 숭실대학교CK학습종합진단검사〉

봉착한다. 분명 수학이라는 과목에 대해서 수학의 모든 것을 모르는 것이 아닐 텐데, 처음 시작은 무조건 1페이지에서부터 한다든가 참고서를 볼 때에도 마치 소설책을 읽듯 1페이지에서부터 정독하기 시작한다. 그러다가 지치거나 난이도가 높은 내용이 나오면 금방 포기하고 좌절하기 십상이다. 여러분의 자녀는 어떠한가? 자신의 이해의 영역을 분명히 파악하고 있는가, 아니면 자신이 무엇을 모르는지 조차 파악하지 못하고 있는가?

평범한 집단의 아이들은 대부분 수업시간 시작하는 순간부터 마치는 시간까지 계속해서 집중해야 한다는 강박감과 불안감을 갖고 있는 것 같다. 사람이 어떻게 수업시간 40~50분을 계속 집중할 수 있단 말인가. 그건 불가능하다. 그렇다면 자신이 어디에서 집중을 할지

이런 생각 해보셨나요?

Why?
훌륭한 선생님과 좋은 교재로
공부해도 성적이 나뉘는 것일까?

Because!
아이들마다 자신의 이해영역과
이해속도가 각각 다르기 때문에…

를 알아야 하는데. 수업시간 내내 집중해야 한다는 강박을 가지는 것보다는 자신이 어디에서 집중을 해야 하는지 아는 것이 더 중요하다. 예를 들면 공부를 잘하는 상위권 학생들은 수업이 진행될 때 이미 예습을 통해서 어느 지점에서 집중을 해야 할 지를 미리 설정하는 습관이 있다. 다시 말하면 자신의 힘으로 해결 할 수 없는 영역이 나올 때 선생님의 설명에 집중하고 내용을 놓치지 않고 이해하겠다는 의지가 분명하다는 것이다.

예를 들어 '함수'를 공부한다고 가정해 보자. 선생님은 열심히 판서를 하며 설명을 부가해 간다. 성적 상위권의 학생은 긴장을 늦추지는 않지만 초집중하지는 않고 설명을 듣고 있다.

그러던 중 선생님께서 "자. 지금부터 함수의 활용을 배워보자!"라며 운을 띄운다.

이때 성적 상위권의 학생은 '앗! 바로 저거야. 내가 잘 이해되지 않는 영역.'이라며 마음 속으로 소리를 한 번 지르고 그때부터 최대한 집중을 하며 선생님 설명을 놓치지 않으려 노력을 한다. 중요한 핵심을 놓치지 않기 위해 노트필기를 하고 이러한 과정에서 이해한 것과 이해하지 못한 내용을 구분하고 표시하며 자신만의 복습을 위한 전략도 세우며 집중을 유지해 간다. 여기서 메타인지를 사용하는 아이와 평범한 아이들의 차이가 만들어지는 것이다.

평범한 집단의 학생들은 대부분 수업에 집중하는 것이 아니라 집중해야 된다는 생각에만 집중을 한다. 집중의 본질이 왜곡되는 것이다. 또한 수업시간 중 어느 영역에서 집중할 지를 잘 모른다. 어느 지점에서 집중을 해야 할 지를 미리 설정하는 습관이 되어있지 않다는 것이다. 정확하게 말하면 어디를 알고 모르는 것인지 자신의 학습에 대한 이해가 부족하다는 것이다. 이런 학생들에게 무엇이 어려운가를 질문하면 앞에서 잠깐 언급한 것처럼 뭉뚱거리는 듯한 답을 한다. "저 수학이요.", "저 영어요."와 같은 답을 하는 경향이 있다.

그리고 이런 아이들은 늘 기초가 중요하다는 말을 많이 들어서인지 항상 1페이지부터 공부하는 습관이 있다. 영어를 공부할 때는 항상 be동사부터 시작해서 조동사 정도 나오면 내용이 어려워서 "오마이갓! 나는 역시 영어 체질이 아냐."라며 쉽게 포기하고는 이내 "수학을 해야겠어."라며 수학을 시작한다. 물론 수학도 처음인 집합부터 시작한다. 쭉 진행하다 방정식쯤 나오면 한숨짓고 "휴……. 역시 난 수학은 안 돼."라면서 암기과목으로 진입한다. 그러나 다들 잘 아는 것처럼 논리적인 수학적 사고와 개념을 파악하기 위한 접근이 힘든 학생이 암기과목이 잘 될 리가 없다. 그제야 정신 차리고 역시 영, 수를 해결해야겠다며 생각을 하고 영어를 다시 공부할 때에 다시 be동사부터 시작한다. 수학을 할 때에도 역시 집합부터 공부를 하는 게 특징이다.

왜 이 학생들은 이렇게 기초에 집착하게 되었을까? 질문에 대한 답이 모호하기 때문이다.

예를 들어 수학의 경우

선생님 : 넌 뭐가 어렵지~?

학생 : 저 수학이요.

선생님 : 수학 어디가 어려워~?

학생 : 음……. 방정식도 어렵고 또……. (머리를 긁적긁적~) 전체적으로 다 어려운 것 같아요.

선생님 : 전체적으로~! 그럼 처음부터, 기초부터 해야겠다.

영어의 경우

선생님 : 넌 뭐가 어렵지~?

학생 : 저 영어요.

선생님 : 영어 어디가 가장 어려워~?

학생 : 음……. 조동사도 어렵고 또 관계대명사도……. (머리를 긁적긁적~) 전체적으로 다 어려운 것 같아요.

선생님 : 전체적으로~! 그럼 처음부터, 기초부터 해야겠네.

이와 같은 애기를 많이 듣다보니 기초부터 처음부터 공부해야 한다는 고정 관념이 생긴 것 같다. 앞서 언급되었지만 강조를 위해서 다시 말하면 질문의 질은 상대방으로 하여금 수준 있는 대답을 얻어낼 수 있게 한다. 그러나 모호한 질문과 답은 자신의 학습의 질을 떨어뜨리게 하는 것이다. 이러한 패턴이 반복되면서 학습에 흥미를 완전히 잃게 되는 것이다.

　또 한 가지는 이해의 속도가 각각 다르기 때문이다. 수업을 하다 보면 수업을 시작하자마자 바로 집중하며 따라오는 학생이 있고 5분 정도 지나서 따라오기 시작하는 학생이 있는가 하면 따라 올 듯 말듯 한 학생이 있고 대부분은 공부를 포기한 듯 집중하지 못하는 학생이 있다. 학부모들은 이러한 경우 학교에서의 공부만 갖고는 안 될 것 같아서 학원이나 과외를 선택하게 된다. 이 때 사교육을 선택하는 기준이 되는 건 강사의 실력인 것 같다. 그러나 냉정하게 말하자면 위에서 잠깐 언급이 되었지만 실력 있는 선생님과 공부하면 금방 우등생이 될 것 같고 1등 할 것 같지만 세상에 그런 일은 절대 일어나지 않을 것이다. 이유는 선생님의 실력이 중요한 것이 아니라 내 자녀가 그 선생님 수준의 속도를 맞추어 따라갈 수 있는가를 따져보아야 하기 때문이다.

　지금까지 우리 부모들에게 중요한 건 실력 있는 선생님이었겠지만 사실은 내 자녀가 학원이든 과외든 수업에 잘 따라가는 방법에는 크게 비중을 두지 않았던 것 같다. 학교 선생님이나 학원 강사로부터 지식이 제공될 때 과연 내 것으로, 즉 사용할 수 있는 지식으로 만들어 내는 능력이 나에게 있는가 하는 점에 초점을 맞추기 바란다.

7

원인은 메타인지(Meta-cognition)에 있다

고대 그리스의 델포이 신전은 신의 뜻을 물어 응답을 받는 '신탁'이 이루어지던 곳이었다. 어느 날 카이레폰이라는 사람이 "이 세상에서 소크라테스보다 더 현명한 사람은 없다"라는 신탁을 받았다고 한다. 이를 듣게 된 소크라테스는 자신이 왜 현명한 사람인지를 알기 위해 많은 철학자들과 현인들을 찾아 나섰는데 결국 그가 깨달은 것은 다른 이들은 자신이 스스로 무언가를 안다고 믿고 있는데 정작 자신은 아는 것이 없는 점이었다. 즉 모른다는 것을 알고 있다는 것이 그들과 다른 점이었다고 한다.

이는 플라톤의 『소크라테스의 변명』에 나오는 일화이다. 여기서 그 유명한 '너 자신을 알라'라는 명언이 나왔다고 알려져 있다. 이 말은 알고 있다고 착각하며 자신이 알고 있는 것이 진리라 생각하는 '착각', 즉 안일한 지식에 안주하고 있는 사람들을 향한 질책이라 할 수 있다.

여러분은 어떠한가? 자신이 아는 것과 모르는 것, 나아가 아는 것과 정확히 아는 것을 얼마만큼 구분할 수 있는가? 이 물음에 대한 해답은 바로 '메타인지(meta-cognition)'에 있다.

'한 단계 높은, ~에 대한, ~뒤'의 의미를 지닌 '메타(meta)'와 어떤 사실을 안다는 뜻인 '인지(cognition)의 합성어 메타인지(meta-cognition)는 인지를 초월한, 인지에 대한 인지, 사고에 대한 사고라 정의할 수 있다. 쉽게 이야기하면 자신의 사고과정을 한 단계 높은 곳에서 바라보는 것이므로 '자기성찰'이라는 말로 대체할 수 있다. 흔히들 알고 있듯이 메타인지 능력이 좋다고 하는 것은 어떤 특징한 지식이나 인지적 능력이 뛰어남을 이야기 하는 것이 아니다. 소크라테스와 같이 자신이 얼마나 무지한지를 깨닫는 것, 그리고 그 무지함을 벗어나기 위해 끊임없이 질문하고 그에 대한 답을 찾아가는 과정에서 진리를 구하는 것. 그러한 과정에서 메타인지 능력이 발휘되는 것이다.

최근 들어 메타인지라는 용어들이 많이 사용되고 있는데, 시대적인 상황이 요구하는 학습법이라 부모님들의 확실한 이해를 돕기 위해 좀 더 쉽게 설명하고자 한다.

숭실대학교 CK교수학습계발연구소에서는 메타인지를 학습에 실질적인 도움을 주기 위해 '메타인지적 실천(meta cognitive practice)'이라 표현하며, 교육학에서는 자기조절의 한 요소로 보고 있다. 이 때 메타인지적 실천의 하위 요인은 메타지식, 메타조절, 메타케어로 구분한다. 메타지식은 정보 수집 단계로 다양한 질문을 통해 학생 자신이 특성을 인지하고 학습전략을 결정하는 것이며, 메타조절은 실제 학습을 진행하는 데에 있어서 일련의 과정들을 점검, 평가, 수정하는 것이고, 메타케어는 의도적으로 학생 자신이 스스로의 동기 상태(심리상태, 집중력, 좌절감 등)를 점검하는 것을 말한다.

학생, 또는 학부모들에게 "공부란 무엇일까요?"라는 질문을 하면, 대부분 "학교 공부요.", "시험이요.", "숙제하는 거요." 등의 교과학습 위주의 답이 나온다. 그 중 조금 안다고 하는 사람들의 대답은 "목표를 이루기 위한 노력이요."라는 좀 더 발전된 말을 하기도 한다. 하지만 공부를 정의하는 데에 있어서 가장 확실하고 명확한 답은 바로 '모르는 것을 줄여가는 경험'이라고 할 수 있다. 즉 공부란 교실에서 교과서를 가지고 하는 공부뿐만 아니라 세상을 살아가면서 나의 부족함, 무지함을 줄여나가는 모든 과정을 포함한다. 그리고 모르는 것을 줄여나가는 경험을 할 때 비로소 공부의 재미를 느끼게 되는 것이다.

모르는 것을 줄여나가는 경험이 공부라면 내가 무엇을 알고 있고 무엇을 모르고 있는 지를 스스로 알아야 줄여나가는 노력을 할 것이 아닐까?

이처럼 메타인지 능력이란 자신이 아는 것과 모르는 것을 구별하고 나아가 아는 것과 정확히 아는 것을 구별하는 능력이라 정의할 수 있다. 다음의 이야기를 통해 좀 더 구체적으로 살펴보자.

〈출처 : https://junsknowhow.blogspot.kr〉

제나라 환공(桓公)이 대청 위에서 책을 읽고 있었다. 윤편(수레바퀴를 깎는 것을 직업으로 하는 扁이라는 사람)이 대청 아래에서 수레바퀴를 만들다가, 망치와 끌을 놓고 대청 위를 쳐다보며 환공에게 물었다. "대왕께서 읽고 계신 것이 무슨 책입니까?" 그러자 환공은 "성인의 말씀이니라."라고 답하였다. "그 성인은 지금 살아계십니까"라고 윤편이 다시 묻자, 환공은 "벌써 돌아가셨느니라." 라고 답하였다. 그러자 윤편은 "그렇다면 대왕께서 지금 읽고 계신 책은 옛사람의 찌꺼기입니다."라고 말하였다. 이에 환공이 벌컥 화를 내면서 "과인이 책을 읽고 있는데 수레바퀴나 만드는 네놈이 감히 시비를 건단 말이냐. 합당한 설명을 한다면 괜찮겠지만 그렇지 못한다면 죽음을 면치 못할 것이다."라고 말하였다.

그러자 윤편은 "저는 제 일의 경험으로 보건대, 수레바퀴 만들 때 너무 깎으면 깎은 구멍에 바퀴살을 꽂기에 헐거워서 튼튼하지 못하고 덜 깎으면 들어가지 않습니다. 더 깎지도 덜 깎지도 않는다는 일은 손짐작으로 터득하여 마음으로 수긍할 뿐이지 입으로 말할 수 없고, 제 자식 역시 제게서 이어받을 수가 없습니다. 그래서 70세인 이 나이에도 늘그막까지 수레바퀴를 깎고 있는 것입니다. 마찬가지로 옛사람도 그 전해줄 수 없는 것과 함께 죽어 버렸습니다. 그러니 전하께서 읽고 계신 것은 옛사람들의 찌꺼기일 뿐입니다."

앞의 이야기는 장자의 〈천도편〉에 나오는 이야기로 성인의 말은 생산된 그 순간까지만 진리이며 그 순간이 지나간 성인의 말은 찌꺼기에 불과하다는 말로 이념에 빠진 사람들에게 일침을 가하는 이야기이다.

하지만 앞의 이야기를 조금 다른 시선으로 접근해 보려 한다. 환공은 성인들의 가르침을 읽고 또 읽으면서 마치 자신이 성인이 된 듯한, 그리고 그 진리를 터득한 것과 같은 착각을 느꼈을 것이다. 착각과 함께 자기만족을 하며 성인들의 가르침을 즐겨 읽었을 것이다. 그러나 만약 환공이 성인들의 진리를 배우는 데에만 그치지 않고 몸소 실천하고 그것을 끄집어내어 제나라를 다스리는 데에 적극 활용했더라면 그것을 윤편이 술찌꺼기와 같다고 표현했을까?

여러분은 어떠한가? 여러분은 알고 있는 지식을 얼마나 활용하고 있는가? 혹시 환공과 같이 배우기만을 좋아하고 배우는 장소만을 찾아다니며 정작 그 지식을 활용하고 쓸모 있는 지식으로 만드는 데에는 소홀히 하고 있지 않은지 생각해 보길 바란다. 자신이 배우고 익힌 지식을 누군가에게 이해시키기 위해 설명과 설득을 할 수 없다면, 자신이 가지고 있는 자원을 적재적소에 분배하고 활용할 수 없다면, 이는 살아있는 지식이라 할 수 없다. 자신이 아는 지식을 누군가에게 설명하고 활용함으로써 상대의 공감을 불러일으키고 그 지식을 적극 사용하는 것은 바로 메타인지 능력과 관련이 있다.

메타인지란 내가 무엇을 알고 무엇을 모르는지를 정확히 알고, 내가 하는 행동이 어떠한 결과를 낼 것인지를 알고 기대하는 능력이다. 자신이 무엇을 알고 모르는지를 인지하고 있기 때문에 자신의 장점은 극대화할 수 있고, 단점은 최소화할 수 있으며 끊임없이 노력하고 시도하기 때문에 다양한 학습전략을 활용하게 된다. 나에게 꼭 맞는 공부법을 찾아내고 이를 적재적소에 사용할 수 있는 능력을 키울 수 있기도 하다. 메타인지는 나의 강점과 약점을 명쾌하고 정확하게 알려주는 멋진 친구이며 나를 온전하게 밝혀주는 등불이다.

메타인지를 사용한다는 것은 다른 누군가의 평가에 의존하기보다는 자기 스스로 평가 권한을 주도한다는 것을 의미한다. 자신이 결정권과 주도권을 가지고, 스스로를 평가하고 조절하며 성장해 가는 것이다. 충분히 자기 학습에 대해 성찰하고 되새겨 보며 시간을 두고 생각을 정리하고 실패 상황에서도 배워야 할 점을 기억하고 간직할 수 있게 하는 것이다.

반복되는 실패의 상황에서 메타인지 능력이 부족하다면 학습된 무기력으로 빠질 확률이 높아질 수밖에 없게 된다. 반면 메타인지를 발휘한다면 실패는 비로소 성공의 어머니가 될 수 있다. 실패 상황에서 자신의 실패 원인을 분석하고 어떻게 극복하여 앞으로 나아갈지를 진단하는 것이 바로 메타인지의 역할이기 때문이다. 메타인지는 자신의 부족한 점을 발견하는 것에서 그치는 것이 아니라 이를 개선할 수 있는 방안을 모색하는 인지활동이다. 이를 통해 나에 대한 신뢰가

쌓이고 할 수 있다는 자신감이 커지게 되면서 더 이상 외부의 평가에 연연하지 않게 된다. 나의 노력과 성과를 가장 잘 판단할 수 있는 건 바로 나 자신이기 때문이다.

자신의 학습 과정은 물론 자기 자신을 바라보는, 즉 분석하고 성찰할 수 있는 메타인지 능력이 있다면 낙관적인 아이로 거듭날 수 있다. 학습된 낙관주의와 메타인지의 시너지가 발현되기 위해서는 작은 성공 경험하기, 자신의 강점에 주목하기, 성장형 사고하기가 중요하다. 그러기 위해선 다음과 같은 것들이 필요하다.

먼저 자신의 강점에 주목해야 한다. 우리의 뇌는 예측이 불가능한 원시 시대를 살아가는 동안 위기 상황에 대처하기 위해 부정적인 생각을 더 잘 떠오르게 하는 유전적 유물을 간직하고 있다. 따라서 부정적인 생각이 더 잘 기억나는 것을 억지로 막을 수는 없다. 하지만 그러한 생각에 마냥 끌려갈 것인지 이를 과감히 뿌리치고 강점에 주목할지를 선택하는 것은 본인이 메타인지를 발휘하여 충분히 조절 가능하다. 본인의 단점을 객관적으로 응시하며 진단하고 그 문제점을 보완할 방안을 찾고자 노력해야 한다. 이때 자신의 강점에 주목해서 단점을 극복하는 전략으로 사용할 수도 있을 것이다.

또한 성장형 사고방식을 취해야 한다. 공부는 여정의 단계마다 성장할 기회를 주는 소중한 여행이라고 생각하는 것이다. 자기 자신의 지능과 성격이 결코 변하지 않으며 사람은 타고난 그대로 살아가게 된다는 고정형 사고방식에서 벗어나야 한다. 이와 대조적으로 성장형 사고방식은 지능과 성격은 변하며 노력만 하면 모든 사람은 변화할 수 있다는 자세이다.

고정형 사고방식을 가진 사람들은 자신이 잘 할 수 있는 일만을 찾아다니며 어려운 도전은 실패할 확률이 크다는 이유로 회피하게 된다. 그리고 실패를 경험할 때도 자아의 위협을 느끼며 실패한 원인을 내 능력으로는 불가항력이었다고 판단한다. 한편 성장형 사고방식을 가진 사람들은 도전은 자신을 성장시키는 초석이라는 믿음을 바탕으로 실패 또한 성장의 과정으로 인식한다. 이를 통해 배울 수 있는 점도 도출해낸다. 또한 노력의 가치를 매우 높게 보기 때문에 자신의 성장을 위한 미래 역량은 지식이 가진 힘만을 믿는 사람이 아닌 그 지식을 실제 필요한 곳에 활용하는 지혜를 포함하여 타인과 협력하여 활용하는 집단지성의 가치를 인정하면서, 새로운 지식을 생산하고 적용하는 훈련을 통해 사회 속에서 유용한 사람으로 성장하는데 관심과 노력을 다하게 한다.

8

그렇다면 메타인지는 왜 중요한가?

그 많던 천재들은 모두 어디로 갔을까? 우리는 어떤 아이들을 천재라고 부르는가? 두 살 때 숫자를 깨우치고, 네 살 때 0의 원리를 이해하고, 여섯 살에는 미적분 문제를 푸는 아이를 우리는 천재라고 부를 것이다. 더 정확히는 수학 신동이라고 할 것이다. 그렇다면 이제 이 아이에게 펼쳐질 미래를 한번 생각해 보자. 수학 영재라는 타이틀 아래 영재교육원에 입학하거나 영재학급에 다니게 된다. 그리고 수학이라는 하나의 분야에 특출한 영재로 길러질 것이다. 이처럼 천재 혹은 신동이라고 생각되는 아이들에게는 수학 신동, 피아노 신동, 언어 신동 등 어른들에 의해서 정해지는 중점 분야가 있다. 그리고 이들은 부모와 선생님에 의해 하나의 분야에서 두각을 나타내는 아이로 길러진다. 무궁무진한 가능성을 가진 아이는 어느새 '수학 신동'이라는 틀 안에 갇히고 마는 것이다. 실제로 어렸을 때 신동이라고 여겨졌던 아이들의 삶을 추적해보면 비슷한 경제 사정의 평범한 아이들보다 결코 더 뛰어난 삶을 살지 못하는 것으로 나타났다. 그렇다면 왜 이런 결과가 나타나는 걸까?

지금 현재 진행되고 있는 영재교육은 영재를 하나의 영역에 가두는 방향으로 전개되고 있다. 하나의 분야에만 치우쳐서 다양한 분야로 뻗어나가지 못하게 되는 것이다. 수학영재의 경우 수학경시대회를 위한 준비로 수학 문제풀이에만 열중하게 한다. 그리고 그 어떤 집단보다도 경쟁을 내면화한다. 옆에 앉아 있는 친구는 나와 함께 문제를 고민하고 답을 찾아내는 동료가 아니라 먼저 문제를 풀어서 우위를 점해야 하는 경쟁 대상으로 전락한다.

부모님과 선생님의 지나친 기대는 이들에게 부담으로 작용한다. 어렸을 때부터 칭찬에만 익숙한 아이들은 어떤 시험을 보든 최고의 자리를 지키려는 경향을 보인다. 자신의 재능을 끊임없이 증명해야 한다는 압박감에 시달리면서 평가목표성향으로 치우치게 된다. 앞에서도 언급했지만 평가목표성향에 치우칠수록 자신이 잘하는 것에만 집착하고 새로운 것에 도전하려는 태도는 점점 사라진다. 즉 실패를 두려워하게 되는 것이다.

하지만 진정한 천재들은 새로운 이론을 만들어내기 위해 끊임없는 실패상황을 마주해야 한다. 창의성과 독창성은 실패를 먹고 자란다고 해도 과언이 아니다. 잘못하거나 실수해도 괜찮다는 마음이 없다면 결코 신선하고 독창적인 창조물을 만들어낼 수 없다. 결국 천재도 타고난 재능보다도 후천적인 처치가 훨씬 중요한 것이다.

자, 그렇다면 다음의 아이를 우리는 뭐라고 부를 수 있을까? 어쩌다 하는 숙제는 엉망진창인 글씨로 대충대충 휘갈기고 책상은 늘 어지럽혀져 있으며 부끄러움이 과해서 수업에 빠지고 도서관에 틀어박혀 있는 초등학생. 글 읽기를 극도로 싫어하고 얼토당토않은 질문을 마구 던지는 또 다른 초등학생. 이들을 각각 학습태도가 엉망인 내성적인 아이와 구제불능 학습부진아 정도로 평가할 수 있을까?

이들은 자라서 천재라는 타이틀을 얻게 되는 빌 게이츠와 아인슈타인이다. 과연 어린 빌 게이츠와 아인슈타인이 현재 한국 사회에서 태어났다면 그들이 이뤄낸 성과를 동일하게 얻어낼 수 있었을까? 빌 게이츠는 자신의 인생을 바꾼 선생님으로 도서관 사서 선생님을 추억한다. 거북이처럼 숨어 살던 그에게 바깥세상으로 나오게 한 선생님이었다고 한다. 쉬운 책만 읽던 그에게 자서전을 권장했고 독서를 마치면 책에 대해 함께 토론을 하기도 했다. 그는 선생님에게 폭넓은 지식이 있다는 것 그리고 선생님이라는 존재에게 질문하고 토론하는 것이 유익하다는 것을 배웠다.

아인슈타인(Albert Einstein, 1879~1955)의 경우 담임선생님으로부터 "이 아이는 어느 한 분야에서도 성공할 확률이 없습니다."라는 평을 받았다. 하지만 그의 어머니는 아들에게 이렇게 말했다고 한다. "너에게는 다른 사람이 가지고 있지 않은 특별한 소질이 있단다." 선생님이 발견하지 못했던 아인슈타인의 남다른 점은 여러 가지를 묻기를 좋아했다는 것이다. 그는 혼자서 추리하고 상상하는 것을 좋아했다. 즉 일상에서 스쳐가는 사소한 것에 대해서도 질문을 해보는 습관을 길렀던 것이다. 우스꽝스럽고 얼토당토않은 질문은 그 자체로 훌륭한 아이디어의 시작이 될 수 있었다.

반짝이는 재능으로 빛나는 천재들은 지금 어디로 사라져버린 것일까? 우리나라에서 노벨상 수상자가 나오지 않는 이유도 여기에서 찾아볼 수 있지 않을까? 경직된 교육시스템 안에서 하나만을 죽어라 파야 하고 단 한 번의 실패도 허용되지 않는 교육문화 안에서 과연 우리는 창의적인 천재들을 길러낼 수 있을까? 우리가 천재라고 부르는 사람들은 선천적인 능력보다는 후천적인 노력에 의해서 길러진다. 이들이 꾸준히 길러낸 능력은 바로 질문하고 말하는 능력, 소통하는 능력 그리고 이를 가능케 하는 메타인지 능력이다.

천재는 질문을 던지고 답을 찾아내는 사람이다. 물음표를 찍기 위해서는 우선 점을 찍어야 한다. 이 점이 바로 직선의 길을 만들어내지는 못한다. 먼저 지구 반 바퀴를 돌듯이 둥근 선을 만들어야 한다. 질문이 생겼을 때 답이 바로 나오지 않는 것처럼 말이다. 질문을 던지고 고민하는 과정 속에서 생각은 확장되어 나간다. 그리고 어느 정도 생각이 정리가 되면 그때 한 부분을 파고 들어가 결국 답을 찾게된다. 누군가가 만들어 놓은 답을 쫓아가는 것이 아니라 나만의 해답을 만들어 나가는 사람을 우리는 천재라고 부른다.

천재는 소통을 즐기며 문제를 해결해나갈 줄 안다. 혼자서 하는 것도 문제를 해결해내는 것도 중요하지만 집단지성의 힘을 따라갈 수는 없다. 그리고 무엇보다도 함께 할 때 더욱 높은 효과를 기대할 수 있다. 여러 사람이 함께 나누는 끊임없는 질문들은 당장은 먼 길을 돌아가는 것 같지만 문제를 해결하는 데 상승효과를 일으킨다. 최첨단 연구를 하는 실험실에서도 각자 현미경 앞에 있는 것보다는 함께 모여 앉은 회의테이블에서 혁신적인 아이디어가 만들어진다는 실험 결과도 있다. 천재들의 특징은 주변 인물과의 뛰어난 협업 능력과 상대방을 인정하는 너그러운 태도이다. 이러한 사회성과 교감능력이 천재들을 더욱 돋보이게 하는 것이다.

일반적으로 천재라고 한다면 일반인보다 IQ가 높을 거라고 생각한다. 또한 작업기억 용량이 크거나 작업기억 속도가 빠를 것이라고 생각할 것이다. 작업기억이란 자신이 보고 들은 것을 유지하면서 여러 인지적인 일을 수행하는 작업공간이라고 할 수 있다. 하지만 작업기억의 용량과 속도에서는 크게 차이가 없다고 한다.

천재들의 비밀은 다양한 메타인지 연장들을 가지고 제한된 작업기억대를 얼마나 효율적으로 사용하는지에 있다. 이들은 작업기억대를 잘 청소해서 공간을 마련하고 자신만의 방식으로 정보를 배분하고 배열하고 정리하며 지식을 가공해낼 수 있다. 메타인지 연장들은 시각화, 연결 짓기, 기억 꺼내기, 분산학습, 장기기억 등이다. 실전에서 이러한 훈련을 어떻게 할 수 있는지는 3부에서 자세히 다룰 것이다. 이러한 메타인지 전략들을 잘 배우고 지속적으로 훈련을 한다면 우리 아이들도 천재들과 같이 학습할 수 있다.

메타훈련을 통해 메타센스를 키운 천재들은 시행착오를 거치며 다양한 메타기술들을 얻게 되고 이것이 습관이 되면 비로소 실제 활용할 수 있게 되며 이 기술들은 '연장'이 되어 메타인지 연장통으로 들어가게 된다. IQ가 높으면 물론 메타인지 연장통을 채우는 것에서 유리할 수 있다. 그러나 메타인지 기술을 습득하기 위한 노력을 기울이지 않을 경우 IQ도 의미가 없어지는 시기가 찾아온다.

네덜란드 레이덴대학(Leiden University)의 벤엔만 교수의 실험에 따르면 IQ 130인 영재학생 중 절반이 메타인지 기술이 형편없었다고 한다. 이들은 자신의 높은 IQ에만 의존해서 공부했기 때문에 나중에 교과과정이 복잡해지는 고등학교, 대학교에서는 학습에서 큰 어려움을 겪게 된다. 공부할 때 생각을 도와주는 연장통이 텅텅 비어 있는 것이다. 따라서 우리 아이들을 천재로 길러내기 위해서는 메타인지 연장들을 다루는 법을 가르쳐야 하는 것이다.

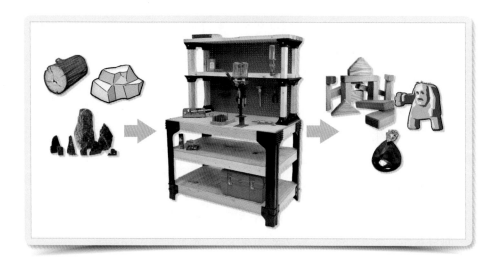

앞서 언급이 되었지만 같은 시간 같은 양을 공부해도 전혀 다른 결과가 나오는 진짜 이유는 무엇일까 다시 한 번 생각을 해보자.

같은 선생님, 같은 교재로 공부했지만 1등부터 꼴등까지 나오는 이유, 과연 IQ의 차이일까? 많이들 알고 있겠지만 상위권 학생들의 IQ는 특별하지 않다. 평범한 학생들보다 집안 환경이 월등히 좋거나, 기억력이 탁월하다고도 볼 수 없다. 하지만 차이가 있다면 상위권 학생들은 배우는 시간 대비 스스로 익히는 시간이 월등히 많다는 것이다.

설사 상위권 학생들이 사교육을 받는다 하더라도 그 모습은 평범한 학생들과는 사뭇 다르다. 메타인지를 사용하는 학생들은 사교육을 활용하는 면도 일반 학생과는 확연히 다른 것이다. 일반 학생들은 온전히 사교육에 의존하는 반면, 상위권 학생들의 사교육 활용 전략은 매우 흥미로웠다. 학원을 습관적으로 가는 것이 아니라 자신이 부족한 부분을 도움 받으러 학원에 간다는 사실이다. 즉 상위 0.1퍼센트의 아이들은 자신의 약점을 보완하기 위해 사교육을 전략적으로 활용했다. 역으로 말하면 필요 없으면 학원에 가지 않고 개인 공부 시간을 많이 확보했다는 뜻이다.

댁의 자녀는 혹시 배우는 데에 더 많은 시간을 투자하고 있지는 않은가? 배우는 시간에 쫓겨 정작 가장 중요한 '익히는 시간'을 간과하고 있지 않은지 생각해 보길 바란다. 익힐 시간이 부족한 학생들은 배우는 것만으로 자신이 많은 양의 학습을 했다고 착각을 한다. 그들은 지식을 정확히 알고 있다기보다는 배움의 현장만을 기억할 뿐이다. 학부모 입장에서도 자녀를 일단 학원에 보내놓으면 학원에 있는 시간만큼은 공부를 하고 있겠거니 하고 안도를 한다. 그러나 이 또한 착각일 가능성이 높다. 자녀가 눈에 보이지 않는 그 시간을 위안으로 삼을 뿐이다.

익힌다는 것은 머릿속에 넣기만 했던 지식을 자신이 직접 끄집어내어 자기화된 형태로 다시 재구성하여 넣는 것을 의미한다. 여기서 재구성한다는 것은 기존에 알고 있던 지식과 새롭게 배운 지식을 연결시켜 장기기억으로 넘기거나, 기존의 지식을 활용하여 새로운 문제를 해결하는 것을 말한다. 하지만 현재 우리의 교육현실은 어떠한가? 학교에서는 주어진 시간에 많은 내용을 전달해야 한다는 부담감으로 학생들에게 배운 지식을 표현하고 익힐 시간, 사용할 기회를 부여하기 힘든 현실이다. 학생들이 새롭게 들어오는 지식을 전부터 알고 있던 지식과 연결시킬 충분한 시간이 부족하다는 이야기이다. 즉 메타인지 능력을 발휘하고 활용할 기회가 사실상 학교 교육에서는 주어지기 힘든 현실이다. 때문에 학생들은 최대한 자신이 배운 내용을 제대로 익힐 수 있도록 시간을 확보하고 노력을 투여해야 메타인지가 만들어진다.

메타인지는 3대 원칙

1) 선언 지식: 자신이 학습하는 부분에 대해서 얼마만큼의 지식과

능력을 가지고있는지 아는 것.

2) 절차 지식: 어떤 학습(일)을 하는 데 얼마만큼의 노력과 시간이 들어가는지 아는 것

3) 전략 지식 : 지식을 습득할 때 어떤 방법을 선택해야 할지 아는 것

- 메타인지 능력이 높을수록 자신이 아는 것과 모르는 것을 깨닫고 스스로 문제점을 해결하며 학습 목표를 조절하는 능력이 좋다.

그렇다면, 메타인지 활동은 어떻게 발현되는 것일까? 메타인지는 자신의 인지에 대한 관찰, 평가, 점검, 통제, 관리를 말한다. 자신이 사고하는 과정, 행동하는 순간을 또 다른 눈으로 관찰하고 그 결과를 평가, 점검함으로써 상황에 맞게 조절, 통제하고 관리하는 능력이라 할 수 있다. 이러한 과정을 학습에 적용시킨다면, 계획, 점검, 조절의 세 과정으로 설명할 수 있다.

먼저 계획이란 어떤 문제를 해결하기 위해서 자신이 가지고 있는 전략과 내용을 어떻게 사용할 것인지에 대해 생각하는 능력을 말한다. 쉽게 말해서 수학문제를 보고 부등식을 활용해서 풀어야 하는지, 방정식을 활용해서 풀어야 하는지를 결정하는 것을 말한다. 자신이 가지고 있는 다양한 학습자원과 전략을 언제, 어느 상황에서 사용해야 하는지 생각하는 능력은 주어진 문제, 또는 과제에 대한 정확한 이해와 판단에서 시작된다. 아무리 효과적인 학습전략을 충분히 알고 있다 하더라도 그것을 적절히 활용하는 능력이 없다면, 기대하는

학습의 결과를 만들어내기 어렵다.

점검이란 학습을 하는 과정에서 자신의 주의집중 정도를 추적하면서 내용을 잘 이해하고 있는지 확인하는 능력을 말한다. 수업시간에 집중이 흐트러지지는 않는지, 선생님이 강의하는 내용을 정말 이해하고 있는지, 수행한 결과에 대해서 이것이 최선이었는지, 다른 답은 없는지 등 자신만의 다양한 기준을 가지고 학습의 과정을 점검 평가하는 능력이다.

점검을 하다가 수정 또는 보완해야 할 사항이 발견되면 조절을 해야 한다. 조절이란 자신의 수행과정을 점검하다가 문제가 생기면 앞으로 돌아가고 이해하기 어려운 부분이 있으면 속도를 줄이는 능력을 말한다. 학생들은 자신의 학습 행동을 교정하고 잘못 이해된 부분을 고침으로써 학습능력을 향상시켜 나가게 되는 것이다.

이러한 메타인지 능력은 훈련을 통해 얼마든지 발전이 가능하다. 일반적으로 뇌의 구조와 기능은 어렸을 때 완성되고 그 이후에는 변함이 없다는 이야기는 뇌의 가소성, 즉 뇌의 변화가능성을 무시하는 말이다. 주변 환경의 조성과 충분한 훈련을 통해 뇌는 얼마든지 변화할 수 있다는 사실을 인정하고 지금 자녀의 가능성을 들여다보길 바란다.

9

주입식 교육환경에서 "메타인지 학습"이 가능해요?

주입식 교육환경에서 메타인지 능력을 갖기란 어렵지 않은가라는 생각을 할지 모른다. 주입식 교육에 대한 일반적인 생각들을 들어보면 '좋다'라는 의견보다는 학생들의 개별 능력을 무시하고 일방적인 학습방법이라는 부정적인 의견을 더 많이 갖고 있는 것 같다.

이러한 취지에서 본다면 우리나라 교육계의 대역 죄인을 꼽는다면 단연 '주입식 교육'이다. 주입식 교육에 대한 우리의 인식은 온갖 부정적 수식어를 앞에 붙여놓아도 부족하지 않을 정도이다. 원래는 똑똑하고 다채롭던 내 아이가 공부를 못하는 건 오로지 내 아이의 개성을 말살하는 주입식 교육 때문이라며 뿔이 난 부모들. 이 마음을 달래려면 주입식 교육을 만든 모든 이들에게

수의를 입히고 삼일 밤낮 석고대죄를 시키는 방법밖에 없을 것 같다. 그런데 '주입식 교육'이 사람들의 온갖 분노 위에서 활활 불타올라도 마땅할 만큼 잘못된 걸까?

결론부터 말하면 그렇게 극단적이고 단정적으로 말할 수는 없다는 것이다. 주입식 교육은 어디까지나 교육에 존재하는 다양한 교수법 중 하나이기 때문이다. 우리는 주입식 교육을 세상만사가 그러하듯 어두운 면과 동시에 밝은 면을 지니는 교육 방법 중 하나로 이해해야 한다. 젓가락이 세밀하게 음식을 집을 수 있으나 국물을 뜰 수 없고 숟가락이 국물을 뜰 수 있으나 섬세하게 음식을 집을 수 없는 것처럼, 나름의 장단을 지닌 수단으로 주입식 교육을 바라보면서 모든 비난을 여기에 돌려서는 안 되는 것이다. 젓가락이 국물을 뜰 수 없다고 하여 젓가락에 분통을 터트릴 수 없는 것처럼 말이다. 당연하게 숟가락을 써야 하는 상황에서 젓가락을 드는 건 수저의 쓰임을 잘못 이해하고 있는 것이니 마땅히 수저를 사용하는 사람의 책임이라고 할 수 있다.

다만 도구에 잘못을 물을 수 있는 경우가 두 가지 있다. 바로 도구가 본래 잘못 설계되었거나 망가졌을 경우이다. 이 기준은 도구가 본래 목적을 달성할 수 있는지 없는지에 있다. 국을 뜰 목적으로 숟가락을 만들었으나 숟가락의 머리 부분을 오목하게 설계하지 않고 평평하게 만들었을 경우이다. 당연히 이 숟가락으론 국을 뜰 수 없으니 이 도구, 숟가락이 잘못됐다고 신경질을 내며 바닥으로 내팽개쳐도 뭐라 할 이는 없다. 또한 숟가락이 국을 뜰 수 없을 정도로 휘어서 망가졌다면 화를 내며 저 멀리 던져버려도 괜찮다. 그렇다면 이 예를 통해 주입식 교육이 어떤지 떠올려보자. 주입식 교육은 본래 목적을 달성할 수 없게 애초에 설계가 잘못되었을까? 또는 망가졌을까?

그 답 역시 시원스럽게 '그렇다.'라고 답할 수 없다. 주입식 교육은 본래의 목적에 맞게 제대로 만들어졌고 이 방법 자체가 우리나라 교육체제 안에서 망가지진 않았기 때문이다.

주입식 교육은 교육자가 학생이 배우면 좋겠다 싶은 것들을 구조화하여 학생들에게 전달하는 목적을 가진 교육 방법이다. 실제로 우리나라 교육과정에선 교육 전문가들이 초, 중, 고 교과 내용을 사전에 연계, 구성하여 기본적인 교육 내용 로드맵을 만들어 놓았고 이 방향대로 교육을 이끌어가려고 한다. 일반적인 수업 방법도 선생님이 많은 학생들 앞에서 구성된 교육 내용을 전달하는 것인 만큼 주입식 교육이 우리나라 교육체제 안에서 망가졌다고 볼 수는 없다.

이렇게 도구로서 주입식 교육 방법은 그 자체로 문제는 아니라는 결론에 도착했다. 하지만 아직 생각해 보아야 할 점이 한 가지 남았다. 주입식 교육 방법이 수단으로서 존재하고 따라서 그 자체에 문제가 있다고 할 수 없다고 치자. 그렇다면 그 수단을 제대로 사용하고 있는지에 대한 의문이 남는다. 마치 국을 뜨는 데에 젓가락을 사용하고 있을 수도 있다는 것이다. 주입식 교육 방법을 우리 아이들을 교육하기 위해 사용해도 괜찮은 걸까?

　결론부터 이야기하면 주입식 교육은 우리 아이들을 가르치는 데 있어 반드시 필요한 교육 방법이라고 할 수 있다. 우리는 주입식 교육 방법을 비난하면서 우리 아이들이 스스로 답을 찾아갈 수 있도록 도와야 한다고 말한다. 이런 방식의 대표적인 예로 종종 거론되는 것은 소크라테스의 '산파술'이다. 플라톤이 「테아이테토스(Theaetetos)」에서 자세히 설명하고 있는 이 기법은 소크라테스가 많이 사용한 앎을 얻기 위한 방법으로, 쉽게 이야기하면 문답법이다.

　산파술에서 교사는 산파, 학생은 산모가 된다. 산파는 직접 아이를 낳는 게 아니라 아이를 낳는 것을 도와준다. 즉 산파술에서 교사가 하는 일은 학생이 지식을 낳도록 도와주는 것이다. 선생님은 학생에게 질문을 던지며 학생이 자신의 생각을 다시 한 번 고려해보도록 하며 결과적으로 지식을 얻도록 돕는다. 이는 수업의 중심이 교사에게 있는 것이 아니라 학생에게 있다는 걸 의미한다. 주입식 교육에 강한 비난을 하는 사람들이 주장하는 바인 것이다. 그런데 위와 같은 사람들이 놓치고 있는 중요한 전제가 하나 있다. 산파술에서 학생에게 전제되어 있는 것은 학생이 자신이 지식이라 생각하는 것들을 이미 가지고 있다는 점이다. 쉽게 이야기하면 산모에게 당연히 전제되어 있는 건 산모의 배 속에는 아이가 있으며 곧 아이를 출산하리라는 점이다. 이 점을 학생에게 대입해보면 학생이 이미 사전지식을 가지고 있다는 이야기가 된다.

이 이야기는 요리를 배우는 과정을 생각해보면 더욱 쉽게 이해할 수 있다. 우리 아이에게 요리를 가르치는 상황을 상상해보자. 아마 아이의 손을 딱 잡고 일심동체처럼 움직이지는 않을 것이다. 만약 아이가 스스로 요리 방법이나 비법을 깨우치도록 하려면 아이가 크게 다치지 않을 선에서 아이에게 질문하면서 직접 경험하고 알아가게 끔 할 것이다. 가령 떡볶이를 만들 때 무작정 떡을 불리라고 말해주는 게 아니라 떡이 어떤 상태인지, 어떻게 하면 말랑말랑해질지 질문하는 것이다. 아이는 아마 부모의 질문을 들으며 떡을 물에 넣거나 그냥 한 번에 끓이는 등 시행착오를 겪으며 답에 도달할 것이다. 그런데 여기서 유의할 점은 최소한 아이에게 재료가 주어진다는 점이다. 아이에게 직접 쌀을 재배하고 수확하여 떡을 뽑아내라고 하지 않을 것이고, 고추를 직접 키우고 말려서 고춧가루를 만든 후 고추장을 스스로 만들어보라고 하지도 않을 것이다. 물론 정점에 다다른 요리사들은 요리의 질 향상을 위해 직접 재료를 장만하기도 한다. 하지만 우리의 아이가 요리에 있어서 생초보라는 점을 잊지 말자. 아이는 떡볶이를 만드는 법을 터득하기 위해 최소한의 재료가 필요한 것이다.

교육에서도 이는 마찬가지이다. 학생들이 교수자의 질문과 함께 스스로 답을 찾아가게끔 하려면 배경지식이 필요하다. 그리고 이 배경지식은 학생들의 개인적인 경험에서도 쌓일 수 있지만 외부에서 직접 전달해야 할 필요도 있다. 여기에서 사용되어야 하는 방법이 바로 주입식 교육 방법인 것이다.

특히, 어려서부터 주입해서 갖춰야 할 기본지식, 도덕성, 준법성,

이타성과 같은 핵심적인 교육이 이와 같은 방식으로 전달되고 교육되고 있다는 점 역시 인정을 해야겠다.

다만 주입식 교육 자체에 비난을 할 수는 없다고 할지라도 오랫동안 주입식 교육이 뭇매를 맞는 데에는 나름의 이유가 있다. 바로 학교에서 활용되는 교육방식의 거의 대부분이 주입식 교육 방식이라는 점이다. 많은 수업이 선생님이 일방적으로 말하고 학생은 이를 수용하는 방식으로 이루어진다. 공식적으로 수업 중에 학생이 스스로 배운 내용을 설명하거나 표현할 수 있는 기회와 답을 찾아볼 수 있는 기회를 제공하는 경우가 드문 것이다. 하지만 이 문제도 주입식 교육 자체의 문제는 아니다. 근본적인 문제는 학생들이 배워야 하는 것이 너무 많다는 점이다. 학생들이 기본적으로 알아야 한다고 정한 것들이 너무 많아서 이것들을 모두 전달하는 데에 급급한 것이다.

사실 주입식 교육 방법이 중점적으로 너무 많이 사용되고 있다는 문제를 해결하려는 노력은 계속 있어왔다. 학생들이 가지고 있는 지식을 활용하며 생각해볼 수 있도록 하는 기회가 조금씩 늘어나고 있다. 하지만 그 속도는 빠르다고 할 수 없고, 우리의 아이들은 바로 교육 현장 최전선에 서있다. 따라서 현실적으로 어쩔 수 없다고 낙담하고 있을 게 아니라, 누군가가 질문을 던져주기만을 기다리는 게 아니라, 이제는 교육이 우리 아이들에게 해주지 못하고 있는 질문을 아이가 스스로 자신에게 던져볼 수 있도록 해야 한다.

우선 부모부터 생각과 태도를 바꿔나가야 한다. 자신이 찾고 있는 정보와 지식만이 옳은 것이라고 믿으면서 자녀를 틀 안에 가두고, 우리 아이의 특성에 온전히 맞춰주지 않고 자신이 생각해볼 수 있는 기회를 제공해주지 않는다며 주입식 교육 방법을 비난하는 데에 사용하는 것이 아니라, 우리 아이가 질문을 던질 수 있을 만한 사전 지식을 가지고 있는지, 혹은 스스로에게 질문을 던질 수 있는지 여부를 알아가는 데에 관심과 노력을 쏟아야 하는 것이다.

더불어 필요한 건 우리 아이가 스스로 질문을 던지며 주입식 교육 환경에서 한 번에 많이 제공되는 지식들을 선별적으로 받아들일 수 있는 능력이 있는지 확인하는 것이다. 앞서 이야기했지만, 공부를 잘 못하거나 공부를 열심히 해도 성적이 나오지 않는 학생들의 특징은 수업의 모든 시간에 집중을 하려고 한다는 점이다. 선생님의 모든 설명을 같은 집중 정도로 들으려고 한다. 장거리 달리기를 할 때 초반에 힘을 많이 쓰면 금세 지치기 마련이다. 인간이 한 번에 온전히 집중할 수 있는 시간에는 한계가 있기 때문에 이런 학생들은 금방 집중하는 걸 포기하거나, 혹은 스스로 집중하고 있다고 착각하게 된다. 장거리 달리기를 잘 하려면 막판에 온 힘을 다해야 한다는 것을 미리 이해해야 하고 그 때까지 버티기 위해 힘을 비축해 두어야 한다. 즉 어느 부분이 중요한지 스스로에게 질문을 던져보며 달리기를 시작하기 전에 미리 전략을 세우는 것이다. 공부에서도 마찬가지이다. 수업 중 많은 정보가 산발적으로 들어온다는 것을 미리 알고 어떤 부분에서 자신이 부족한지 스스로 파악한 후 전략을 세워 더욱 심혈을 기울여 들어야 하는 부분에서 집중해야 효율적인 공부가 가능하다.

사실, 세상에 존재하는 지식전달 방법 중에 주입식이 아닌 것이 있을까? 심지어 자신이 직접 책을 읽는 행위도 자신에게 지식을 주입하고 있는 것이다.

예를 들어 몇 일 전 비가 많이 왔다. 내리는 비를 모두가 맞게 되지만 비의 용도를 결정하는 것은 필요에 따라 달라진다. 농업용수로 사용할지, 공업용수로 사용할지, 생활용수로 사용할지, 또는 식수로 사용할지는 각 개인에게 달려있다. 즉 도구에 대한 쓰임새는 필요를 느끼는 개인 각자가 결정하는 것이다.

결과적으로 주입식 교육환경이 좋다, 혹은 안 좋다는 정해진 답은 존재하지 않으며 최종 정리는 개인에게 달려 있다. 주입식 교육환경 자체가 잘못된 것이 아니다. 주입된 지식을 일렬로 바로 세우고 재배열하고 용도에 맞춰서 재구성하는 경험을 하고 그런 힘을 키우는 책임은 타인에게 있지 않고 자신에게 있다는 것을 먼저 인정해야 한다. 그 다음 사용할 기회가 주어지면(시험, 발표, 질문에 답하기, 질문 등) 주입된 지식을 꺼내어 사용할 기회를 적극적으로 갖고 배운 내용을 세련되게 표현해야 한다. 또한 오랫동안 기억하기 위한 노력이 중요하다는 인식을 가져야 한다.

그래서 학습자에게는 메타인지가 중요하다는 것이다.
같은 시간 같은 양을 공부 하는데 결과가 다르다.
왜 결과가 다르게 나올까?
그것은 아는 것과 모르는 것의 경계를 넘어 아는 것과 정확히 아는 것의 차이에서 온다.

자신의 학습 환경을 관찰하고, 공부한 내용에 대해 내가 아는 것인지 안다고 착각하고 있는 것인지 평가하고, 알고 있다면 정확히 알고 있는지 점검하면서 자신을 조절하고 관리하는 전반적인 능력이 본인에게 있어야 메타인지를 사용 할 수 있다는 것이다.

10

메타인지 없이 단순한 재학습(복습)은 효과가 있는 걸까?

복습은 학습에 있어 가장 흔한 방법이다. 대부분의 학생들도 복습이 무엇인지를 알고 있다. 그런데 학생들 중 복습히면서 들인 노력과 시간에 비해 효과가 없다는 이야기를 하는 학생들이 있다. 과연 복습이 효과가 없는 것인지 살피기 전에 복습은 무엇인지, 복습 자체에 문제가 있는 것인지, 혹은 다른 원인이 작용한 것인지 살펴보자.

결론적으로 말하면 복습은 효과가 있는 전략이다. 이는 복습이 어떤 효과를 줄 수 있는지를 파악하면 쉽게 이해할 수 있다. 인간의 기억력에 대해 설명하는 에빙하우스(Hermann Ebbinghaus, 1850~1909)의 망각 곡선에 따르면 학습 후 20분 후에 남아있는 기억은 약 58% 밖에 되지 않는다. 또한 한 달이 지나면 학습한 양의 21% 밖에 기억을 하지 못한다. 학습한 내용을 머릿속에 넣기 위해 고생했던 과정을 생각해 보면 허무하기 짝이 없는 연구 결과이다. 위와 같은 현상을 방지하기 위해선 정기적으로 학습한 내용을 다시 확인해야 한다. 이것이 복습이다.

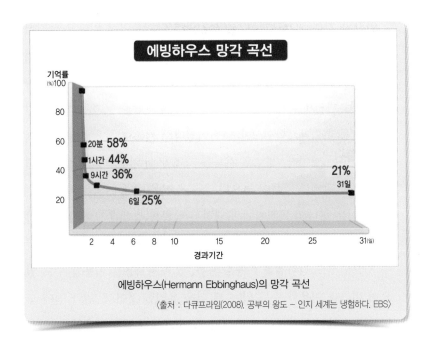

에빙하우스(Hermann Ebbinghaus)의 망각 곡선

〈출처 : 다큐프라임(2008). 공부의 왕도 – 인지 세계는 냉험하다. EBS〉

　실제로 연구 결과에 따르면 복습을 하지 않은 경우 학습한 내용이 빠르게 사라지지만 복습을 한 경우에는 차이는 있지만 대체적으로 학습한 내용의 상당량을 유지할 수 있다. 즉 복습 자체가 문제는 아닌 것이다. 그렇다면 왜 복습이 효과가 없다는 이야기가 나올까?

　이 의문에 대한 답은 방법적인 부분에서 찾을 수 있다. 즉 복습 자체가 문제가 아니라 복습을 어떤 방법으로 했느냐가 복습의 효과를 판가름하는 중요한 요인인 것이다. 그렇다면 자연히 어떤 방식으로 복습을 해야 하는지에 대한 궁금함이 생긴다. 이 의문을 해결하려면 인간이 어떻게 기억을 저장하고 꺼내는지 파악해야 한다.

인간의 기억은 거대하고 긴밀한 구조로 이루어져 있다고 생각하면 된다. 이를 바로 스키마(schema)라고 하는데, 인간은 무엇을 기억하기 위해서 사전에 가지고 있는 구조에 새로 기억해야 하는 사항을 연결 짓는다. 가령 새로운 전화번호인 010-1234-5678을 기억하기 위해 고등학교 때 1학년 2반 34번이었다는 기존 지식을 새로운 지식과 연결하는 것이다. 새로운 지식을 기억할 때 기존의 지식들과 최대한 긴밀한 관계를 만들어 놓으면 추후에 더욱 쉽게 기억을 되살릴 수 있다. 이는 하나의 목적지에 도달하는 상황을 생각해 보면 쉽게 이야기할 수 있다. 집에 가려면 택시를 탈 수 밖에 없는 것보단 택시를 탈 수 있으면서도 지하철을 이용할 수도 있고 자가용을 이용할 수도 있으며 버스를 이용할 수도 있는 게 더욱 유리한 것이다. 만약 집에 도달하는 수단이 다양하다면 폭설로 차가 막혀 도로를 이용할 수 없을 때 지하철을 이용하는 등 더욱 쉽게 집에 도착할 수 있다. 즉 특정 기억에 도달할 수 있는 다양한 지식들이 존재한다면 더욱 쉽게 기억해 낼 수 있는 것이다.

이렇듯 새로 얻은 지식을 최대한 기존의 지식과 연관 지어 기억의 구조, 즉 스키마(schema)를 견고하게 확장시키는 것이 복습의 시작이라 할 수 있다.

이처럼 복습은 꽤 많은 노력이 들어가는 학습 전략이다. 무작정 책을 여러 번 읽거나 배운 내용을 몇 번 반복하여 쓴다고 해서 복습이라고 할 수 없다. 그런데 대부분은 그렇게 복습을 하고 있고 잘 이해하고 있다고 착각하는 게 문제이다. 예를 들어 자신이 학습해야 할 내용이 1단원에서 4단원까지라고 하자. 그런데 처음 공부할 때에도 1단원에서 4단원, 두 번째 반복할 때에도 1단원에서 4단원, 그리고 세 번째 반복할 때에도 같은 방법으로 1단원에서 4단원을 공부한다면 복습이 제대로 되고 있는 것일까? 내가 무엇을 아는지, 혹은 무엇을 모르는지, 나의 기억 구조에 있어서 견고한 곳은 어디인지, 느슨한 곳은 어디인지 스스로 판단한 후 복습 시에는 (처음과 똑같은 방법이 아닌) 그것을 반영하여 부족한 부분을 채워나가야 한다. 이게 바로 제대로 된 복습이라고 할 수 있는 것이다.

우리 학생들이 같은 내용을 계속 반복하는 복습법을 좋아하는 이유가 있다. 반복하는 복습법을 사용하면 우리 뇌가 스트레스를 덜 받기 때문이다. 내용을 반복적으로 읽어 내려가면서 자신이 잘 이해하고 있고, 알고 있다고 스스로 만족하며 위안을 삼는다. 그러나 이 방법은 학습에 도움이 되지 않는다. 복습이 효과적인 학습이 되려면 내가 진짜 정확히 이해했는지 자가 질문과 자가 테스트를 통해 계속적으로 물음을 던짐으로써 확인, 점검해야 한다. 이때 우리 뇌는 스트레스를 받긴 하겠지만 그것을 정확히 이해하고 외우려고 하기 때문에 결과적으로 학습에 있어서는 훨씬 효과적이다.

그래서 메타인지 학습능력을 갖고 있는 학생들의 패턴은 단지 다시 한번 반복하여 읽는 복습법으로 자신이 이해를 잘 하고 있다고 스스로에게 관대함을 베푸는 것이 아니라, 복습의 목적을 내가 알고 이해하고 있는 것인지, 아니면 알고 있는 것처럼 착각하고 있는 것인지를 구분한다. 또한 알고 있다면 정확히 알고 있는 것인가를 명확하게 구분하고, 자신의 인지를 들여다보며 재구조화해서 아는 것과 모르는 것의 경계를 넘어, 아는 것과 정확히 아는 경계에 도달하는 것이다.

뿐만 아니라 알고 있는 내용을 자신의 말로 설명 할 수 있을 때 비로소 제대로 이해한 지식이라고 스스로에게 납득시키는 냉철함이 메타인지를 발휘하는 상위권 학생들의 패턴이다.

11

알고 있고 이해했다는 착각의 늪에서 벗어나기

이미 방송에서 시선 돌리기, 셀프테스트, 분산학습 등에 대한 내용을 통해 접할 기회가 있었겠지만. 내용을 인용하면 공부라는 것은 끊임없이 밀려들어오는 거센 지식의 물결을 담아줄 개념의 댐을 건설하는 작업이다. 단단한 개념으로 무장하지 않은 댐은 처참하게 무너질 수밖에 없다. 내가 정확히 이해하지 못한 개념들로 공부하여 댐의 높이를 쌓아 가면 그 높이만큼 물은 계속 채워지겠지만 완전히 이해하지 않은 채 문제를 풀게 되기 때문에 댐에 빈틈이 생기게 된다. 처음에는 물이 졸졸 샐 뿐이지만 점차 내용이 깊어질수록 압력이 늘어나 틈은 더욱 벌어지게 된다. 나름대로 벽돌을 열심히 쌓고 있는데 물은 계속 새고 있고 이것이 반복되면 마침내 댐이 무너져버린다. 공부를 포기하게 되는 것이다. 학원에 열심히 다니고 문제를 백방 풀어보아도 노력 대비 성과가 나오지 않을 때, 댐이 터져버리게 되면 포기의 길로 빠르게 들어서게 된다. 댐을 올바르게 쌓는 방법은 개념자체를 이해하는 것, 자신이 정말로 그 개념을 알고 있는지 모르고있는지를 스스로가 인지하는데서 시작된다.

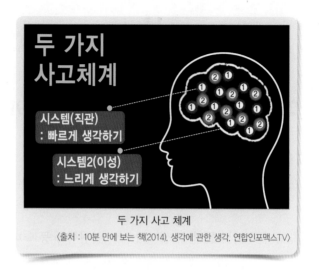

두 가지 사고 체계

〈출처 : 10분 만에 보는 책(2014), 생각에 관한 생각, 연합인포맥스TV〉

　　심리학과 경제학을 융합하여 행동경제학을 창시한 프린스턴대학교 심리학 교수인 카너먼(Daniel Kahneman, 1934~)은 그의 저서인 〈생각에 관한 생각〉에서 두 가지 시스템을 통해 메타인지의 모형을 설명한다. 먼저 '빠른 생각 시스템'은 감각과 기억을 이용하여 아주 짧은 시간 동안 상황을 평가하며 무의식적이고 순간적이며 즉각적으로 작동한다. 한편 '느린 생각 시스템'은 의식적 분석과 추론 같이 느린 과정으로 선택과 자기통제를 전담한다. 빠른 생각 시스템은 주로 무의식적이고 비자발적인 것이다. 갑자기 소리가 나는 곳으로 주의를 돌린다거나 상대방 목소리에 반응하는 것 등 즉각적이며 노력과 수고가 거의 필요 없이 작동하는 시스템을 의미한다. 한편 느린 생각 시스템은 복잡한 수리문제를 풀거나 논리적 주장의 타당성을 확인하는 등 집중을 요구하는 생각 시스템이다.

우리는 보통 자신이 합리적이고 이성적인 상태에서 선택을 해야 할 때 빠른 생각 시스템 보다는 느린 생각 시스템을 활용한다고 생각한다. 그러나 카너먼 교수에 따르면 빠른 생각 시스템은 느린 생각 시스템보다 영향력이 훨씬 크며, 우리가 내리는 수많은 선택과 판단은 빠른 생각 시스템에 의해서 은밀하게 조정된다고 한다. 이 은밀한 조정이 우리를 잘못된 생각이나 착각 속에 빠지게 할 수 있다. 따라서 메타인지를 통해 느린 생각 시스템을 작동시키는 훈련을 해야한다.

예를 들어 우리는 빠른 생각 시스템의 지배를 받아 다음과 같은 착각에 빠질 수 있다. 시험 범위의 내용을 두 번 세 번 반복해서 읽었다는 사실만으로 그 내용을 다 이해한 것처럼 느낄 수 있다. 혹은 내가 무엇을 틀린지 정확히 알고 있고, 다음번에는 틀리지 않을 것이라고 생각하기 때문에 오답노트를 비효율적이라고 치부해버린다. 이 외에도 무의식중에 본인이 어떠한 상황에서 절대 실수를 하지 않을 것이라고 장담할 수 있다.

이를 극복하기 위해서 우리는 느리게 생각하기를 적극 활용해야한다. 공부한 내용에 대한 연습문제를 풀거나 요약해 보는 활동을 하는 것, 오답노트를 꾸준히 만들어 틀린 문제를 또 틀리지 않는 연습을 하면서 메타인지를 통한 학습 전략을 구체화시켜 나갈 수 있게 된다. 그래서 그런지 공부를 잘하는 아이들을 관찰해 보면 신중하고, 조용하며, 차분하면서도 급하게 서두르지 않는다는 공통적인 느낌을 갖게 한다.

또한 메타인지 능력을 향상시켜 나의 학습능력에 대한 잘못된 평가를 바로잡아야 한다. 즉 우리의 인지적 오류를 직시해야 하는 것이다. 그렇게 했을 때 비로소 자신에게 맞는 학습 전략을 세울 수 있기 때문이다. 예를 들어 우리는 자주 자신의 기억 수준을 착각한다. '이정도 시간을 투자하면 영어단어 50개쯤은 거뜬히 외울 수 있지'라고 자만한다. 하지만 자신의 예상과 실제 외운 단어 개수를 비교해 보면 자신의 예상을 빗나갈 때가 더 많을 것이다. 즉 자신의 기억 수준을 정확히 인지하지 못한 것이다.

이는 자신이 세운 계획에서도 마찬가지로 나타난다. 즉 자신의 실행능력에 대한 지나친 과대평가로 인해 추상적인 목표를 세우고 결국 달성하지 못하게 되는 것이다. 나는 평균은 넘는다는 판단, 자신이 처음 생각했던 주장을 바꿀 줄 모르고 그에 대한 근거만을 찾으려는 고집, 권위자의 말을 무조건적 무비판적으로 수용하는 태도도 모두 메타인지 능력이 부족해서 나타나는 생각의 오류들이다.

자신이 모르는 부분을 인정했을 때 비로소 수정·보완하려는 의지가 발동하는 것이다. 자신의 기억력 수준을 진단하고 자신이 외울 수 있는 영어 단어 개수를 조절하는 것, 자신의 실행능력을 정확히 판단하고 자신에게 맞는 구체적인 목표를 세우는 것, 자신의 오개념을 바로 잡는 것, 권위자의 의견은 중요한 참고사항일 뿐 나에게 꼭 해당

되는 것은 아닐 수 있다는 판단. 이 모든 것은 메타인지에 의해서 작동하는 느린 생각 시스템을 작동했을 때 할 수 있는 행동들이다.

또한 메타인지에서는 메타이해라는 영역도 굉장히 중요하게 다뤄져야 한다. 이는 자신이 언어를 잘 이해했는지를 아는 능력을 말한다. 읽은 내용을 이해했다고 하지만 내용에 대해 질문을 했을 때 답변을 못하면 메타이해가 떨어진다고 볼 수 있다. 그래서 메타이해는 독서 능력과 밀접한 관계가 있다. 내가 보는 내용을 제대로 이해했는지 이해하지 못했는지에 대한 파악이 가능할 때 비로소 적절한 독해 전략을 세우고 훈련할 수 있다.

메타이해를 점검할 수 있는 질문들은 다음과 같다. 글을 읽고 자신에게 다음과 같은 질문을 던져보고 제대로 이해했는지를 OX로 점검해보자.

① 내용을 제대로 이해하지 못했거나 주의를 기울여 읽지 않았음을 알았을 때 그 부분을 다시 세심하게 읽었는가?	
② 짧은 단락을 읽고 난 뒤에 자신이 방금 읽은 내용을 자신의 말로 요약하고 말로 설명할 수 있는가?	
③ 책을 읽을 때 요약 정리된 부분이나 연습문제를 꼭 푸는가?	
④ 책에 나온 아이디어들을 서로 연계시켜 보려고 노력하는가?	
⑤ 시험공부를 할 때 자신이 어렵다고 여기는 부분에 더 많은 시간을 할애하는가?	
⑥ 읽은 자료들의 필요성에 대해 평가하고 적절히 분류해서 정리하는 습관이 있는가?	

〈출처 : 완벽한 공부법, 고영성, 신영준. 로크미디어(2017)〉

느리게 생각하기 위해서 우리는 시선처리에도 신경을 쓸 필요가 있다. 학생들에게 어려운 질문을 했을 때 선생님을 쳐다보지 못하고 눈을 이리저리 굴리는 것을 본 경험이 있을 것이다. 물론 무언가를 잘 하지 못하기 때문에 시선을 회피하는 것일 수도 있지만, 이는 작업기억 탁자를 치우고 메타인지를 활용하기 위해 무의식적으로 나타나는 행동이다. 선생님의 얼굴을 바라보면서 들어오는 시각정보와 선생님이 나에 대해 내릴 판단에 대한 걱정은 학생이 깊게 생각하는 것을 방해하는 요소가 될 수 있다. 따라서 깊게 그리고 느리게 생각하며 문제를 풀어야 할 때는 작업기억 용량을 늘리기 위해서 방해자극을 최대한 차단시키기 위해 시선 돌리기를 적극적으로 할 필요가 있다. 학생들에게 어려운 문제를 풀 때 시선을 돌리는 법을 가르치는 교실도 있다고 한다. 이는 실제로 학생들의 수학문제를 푸는 능력을 높이는 효과를 나타내기도 했다.

만약 시험을 앞두고 있다면 공부하고 또 공부하는 것이 효과적일까? 아니면 공부와 나만의 예비시험을 치루는 것이 더 효과가 있을까? 공부하고 또 공부한다는 것은 지식을 집어넣기만 할뿐 지식을 꺼내보는 노력이 덜 들어갔다는 것을 의미한다. 반면 공부하고 예비시험을 본다는 것은 지식을 꺼내보려는 노력을 했다는 것을 뜻한다. 실제 실험에서도 당장은 공부-공부 집단이 평균점수가 높았지만, 일주일 후 다시 시험을 볼 경우 점수가 역전되었다. 즉 예비시험을 통해 기억을 끄집어내는 훈련을 한 학생집단은 공부한 내용을 장기기억으로 넣는 작업을 하였고 이는 당장 시험 결과로도 나타났지만 장기학습효과로서도 영향력을 발휘한 것이다. 예비시험은 쓸모없다는 평가를 하는 사람들에게 반론을 제기할 수 있는 대목이라 할 수 있다. 두 번 읽는 것보다 차라리 시험을 두 번 보는 것이 더 효과적인 것이다. 배운 걸 기억에서 꺼내는 노력을 많이 할수록 장기기억으로 더 잘 넘어간다는 증거들이다. 셀프테스트 문제들은 사지선다형보다는 배운 것을 스스로 재구성하는 문제가 효과적이다. 사지선다형 문제들은 어디선가 본 듯하여 찍듯이 풀 수 있기 때문이다.

지금까지 본 바와 같이 기억에서 꺼내려고 노력을 해야 장기기억으로 넘어간다는 것을 알 수 있다. 이처럼 인출하려는 훈련 즉 기억 꺼내기 노력을 수시로 진행해야 한다. 반복해서 읽어 내려가는 것은 당장의 시험 점수는 올려줄지 모르지만 금방 잊어버리게 되고, 장기적인 학습에는 도움이 전혀 되지 않는다. 필요에 따라 뇌는 더 잘 기억하려고 한다. 즉 어떤 내용을 뇌에서 끄집어내서 자주 사용할 경우 이것이 필요하다고 판단되어 더 잘 기억하게 되는 것이다. 꺼내는 것은 지식을 집어넣는 것보다 더 좋은 저장 방법이다. 또한 어제 배운 것을 복기해 보고 기존에 알던 지식과 연결 짓는 되새김질 활동도 굉장히 중요하다. 기억을 꺼내려는 노력 즉 인출활동은 여러 가지 지식 사이의 연결을 더욱 단단하게 도와준다. 장기기억에 다양한 내용이 많을수록 새로운 것을 배우는 시간도 단축되고 효율적이

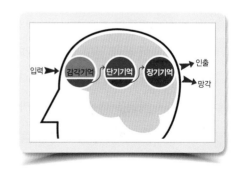

고 창의적인 방식으로 기억할 수 있는 능력이 길러지게 된다.

특히 독서를 많이 할수록 장기기억에 남아 있는 것이 많아서 여러 가지 연결고리를 만들어 낼 수 있다. 꾸준한 독서는 한 문장만 읽어도 많은 생각들을 떠오르게 하는데 이는 장기기억에서 연결되는 것이 많기 때문이다. 아이들이 시간적 여유를 갖고 정보를 자기화하는 경험을 쌓아서 좀 더 단단하고 견고한 지식 간 연결고리를 만들어낼 수 있어야 한다. 무조건적으로 지식을 쏟아 붓는 것보다는 지식을 꺼내는 작업을 지속적으로 훈련해야 하는 이유가 바로 여기에 있다.

만약 쉬지 않고 계속 운동만 한다면 우리의 근육은 아마도 견디지 못하고 문제가 생길지도 모른다. 적당한 휴식기를 갖고 운동을 하는 것이 중요한데 이는 학습에서도 마찬가지이다. 휴식을 하면서 나누어서 공부한 집단이 몰아서 공부한 집단보다 성취도가 더 좋았다는 연구결과도 있다. 공부를 계속 쉬지 않고 한 학생들의 경우 주입한 내용은 많았지만 자신의 것으로 소화해낼 시간이 주어지지 않은 것이다. 반면 틈틈이 휴식을 취하면서 자신이 배운 내용을 떠올려본 학생들의 경우 더 높은 성취도를 보였다. 휴식이라는 시간은 또한 자신이 본래 알고 있던 지식과 새로운 지식 간의 연결을 시도하는 중요한 시간이라고도 할 수 있다. 간격을 자주 두고 공부할수록 기억을 꺼내려는 노력을 더 자주하게 될 수밖에 없다. 분산학습은 기억 꺼내기를 반복해서 실천하게 하는 중요한 전략이다.

12

왜 메타인지는 말로 설명할 수 있어야 할까?

학생들에게 질문할 때

선생님 : 이거 아는 거야?

학생 : 네.

선생님 : 이거 배운 거지?

학생 : 네.

선생님 : 예습은 한 거야?

학생 : 네.

선생님 : 복습은 했니?

학생 : 네.

선생님 : 문제는 풀었지?

학생 : 네.

선생님 : 그럼 모두 이해 한 거네~

학생 : 네! 선생님.

선생님 : 자, 그럼 말로 설명해봐!

학생들의 반응이 음 "그러니깐……." 눈을 위아래로 시선을 피하고 고개

를 갸웃거리며, 머리를 긁적긁적 거리는 행동을 하며 대부분 결국은

"잘 모르겠어요."

"막상 설명하려니 잘 안 돼요."

"알고 있었는데……."

"어, 왜 이러지? 이상하다? 휴……."

이런 반응을 보인다.

머리에서는 알고 있고 이해하고 있다고 생각했는데 막상 말로 표현하려니 안 되는 것이다. 알고 있고 이해하고 있다고 '착각'하고 있는 것이다. 이런 현상은 자녀들 뿐 아니라 부모님들에게도 나타나는 현상이다. 알고 있다고 생각했는데 막상 말로 하려니 정리가 잘 안되고 설명하기가 어렵다. 배운 내용을 사용한 적이 없다면 그 지식은 활용되지 않은 채 알고 있다는 착각만 남기고 머릿속에서 점점 사라지게 될 것이다. 여러분들도 내가 들었거나 알고 있거나, 경험한 것을 누구에게 설명하거나 가르치거나 전달해본 경험을 했다면 그 지식이 점점 세련되어지고 오랫동안 기억된다는 것을 경험했을 것이다.

공부 역시 배우는 과정에서 사용할 기회를 갖지 않는다면 그 배운 지식은 점점 기억 속에서 사라져 갈 것이다. 가장 좋은 방법은 말로 설명하면서 가르쳐보는 것이지만, 그런 기회를 매번 가질 수 없기 때문에 내가 배운 내용을 언제든지 말로 설명해 볼 대상을 만들어 보는 것은 매우 좋은 방법이다.

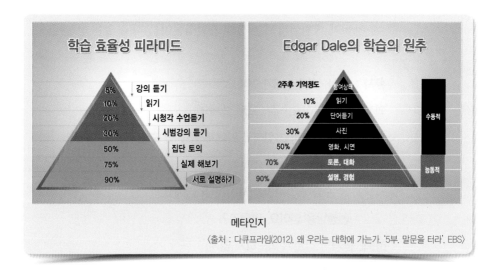

메타인지

〈출처 : 다큐프라임(2012). 왜 우리는 대학에 가는가. '5부. 말문을 터라'. EBS〉

한 가지 자녀를 도와 줄 수 있는 방법을 소개 하자면 자녀가 마음에 드는 인형 하나를 선택하게 하고 그 인형이 마치 나의 학생이라고 상상하면서 설명하는 것이다. 부모님들도 어릴 적 종이인형을 갖고 놀았던 때를 기억 할 것이다. 종이인형이 살아있는 생명체는 아니지만 인형놀이를 하면서 재미있게 두 시간 정도는 시간가는 줄 모르고 놀았던 기억이 있을 것이다.

잠시 그때를 회상해 보면서 왜 재미있었나 하는 것에서부터 출발해야 한다. 왜 그때는 시간 가는 것도 모를 만큼 재미있게 놀았을까?

이는 다른 사람에 의해서 만들어진 대본대로 말하는 것이 아닌 내가 주인공이 되어서 전체적인 스토리를 내가 만들고 자신이 의도한 대로 이야기를 꾸미고 전개해 갈 수 있기 때문이다. 예를 들어 5~6

세 된 아이가 병원이라고 가정하고 인형놀이를 하고 있는 상황이다.

환자 : 의사 선생님, 배가 아파요.

의사 : 걱정 말아요. 내가 고쳐 줄게요.

나는 유명하고 실력이 있어서 병을 잘 고쳐주는 의사예요.

지금부터 수술을 해야 해요.

곧 수술하고 나면 아프지 않을 거예요.

선생님을 믿어요. 알았죠?

(이때, 환자가 갑자기 의도하지 않게)

환자 : 못 믿겠어요! 돌팔이 의사 같아요.

환자가 위와 같이 말한다면 그 인형 놀이는 더 이상 재밌지 않을 것이다. 당연히 환자는 주인공이 의도한 시나리오대로 '네, 선생님. 전 선생님을 믿어요. 빨리 안 아프게 해주세요!'라고 말하고 대화가 의도한

인형놀이

128

대로 진행되어야 계속 재미있는 인형놀이가 된다. 이어서 의사는 간호사에게 이렇게 주문한다.

> **의사 :** 간호사, 지금 바로 수술해야 해서 소독약과 빨간약, 그리고 수술칼과 가위, 실과 바늘을 준비해 주세요.

이 때 간호사가 갑자기 '선생님이 갖다 쓰세요!' 이렇게 말한다면? 역시 재미없을 것이다. 즉 인형 놀이가 재미있는 이유는 내가 의도한 대로 스토리를 만들 수 있고 내가 원하는 대답을 들을 수 있기 때문이다.

학습자가 자신이 학습한 내용에 대해 처음부터 부모님이나 친구들에게 이해한 것을 말로 설명한다는 것은 상당히 부담스러운 일이다. 이유는 상대의 반응이 설명을 이어나가는 데 매우 큰 장애가 되기 때문이다. 나의 말에 누군가가 귀를 기울이고 집중해 준다는 것은 서로 간의 상당한 신뢰와 믿음이 약속되어 있지 않으면 어려운 일이다.

공부를 그다지 잘하지도 못하고 이제 좀 잘하려고 메타인지를 연습하는 단계에 있는 수준의 학생이 친구에게 자신이 알고 있는 지식을 말로 설명을 해야겠다는 마음을 먹기는 매우 어렵다. 무엇보다도 본인이 그렇게 행동으로 옮길 동기나 자신감이 없을 것이다. 물론 친구들도 그 설명을 듣고 있을 마음이 없겠지만……!

부모의 입장에서도 어느 날 갑자기 자녀가 그동안 배운 내용을 말로 설명하겠다고 자기 방에 앉혀놓고는 장황하게 설명할 때, 힘들거나 귀찮은 표정을 짓지 않으면서 여러 시간 어설프게 하는 설명을 들어줄 수 있을지는 모르는 일이다. 자녀가 상처 받지 않으면서 학습 동기를 갖게 하려면 자신에 대해 할 수 있다는 신뢰와 믿음이 만들어질 때까지는 혼자만의 연습이 필요하다.

혼자 하는 연습으로 좋은 방법으로는 자신이 마음에 드는 인형 하나를 선택하는 것이다. 또는 스마트폰을 사용하여 녹화하면서 배운 내용을 마치 선생님이 되어서 학생에게 가르치듯 설명하는 것이다. 다른 사람에게 설명해 주기 위해서는 미리 준비하고 내용에 대해 이해하고 있어야 한다. 진짜 알고 있어야 아는 것을 설명할 수 있기 때문이다.

강의 하듯이 설명을 하려면 전체 내용을 요약하고 설명할 수 있을 만큼 내용을 숙지할 때까지 반복 연습 하는 것이 중요하다. 이 과정을 통해 자신이 모르는 부분이 어떤 것인지 파악할 수 있기 때문에 모르는 부분을 보강하여 공부할 수 있다.

설명을 하다가 막히거나 내가 이해되지 않아서 설명하기 어려운 부분은 내가 모르는 것이라는 걸 인정하고 즉시 참고서와 수업시간 노트한 내용을 펴고, 선생님의 말씀을 떠 올리면서 이해하려 노력해야 한다. 그 후 다시 인형에게 가르치듯 설명을 시작해야 한다. 이러한 방법을 통해서 자신이 모르는 것을 줄여보는 경험을 해야 한다.

인형에게 말하기

〈출처 : 네트워크 특선 습관 2부작(2010). 꼴지 탈출! 습관 변신 보고서. KBS1〉

모르는 것을 줄여보는 경험을 하지 않으면 공부가 재미있지가 않다. 그 소중한 경험이 습관이 될 때까지 반복하게 되면 아는 것과 모르는 것의 경계를 넘어, '아는 것과 정확히 아는 것의 경계'에 도달하는 것이다.

이처럼 배우고 공부한 내용을 기억해 내는 것은 학습자의 학습동기에 매우 중요한 영향을 미친다. 그런데 과연 선생님께 배운 내용을 모조리 기억해 낼 수 있을까? 우선 결론부터 말하자면 "그렇다."이다.

요즈음 4차 산업혁명이란 말을 많이 듣고 또한 사용하고 있다. 4차 산업혁명이라는 말이 유행처럼 번지게 된 계기는 알파고와 이세돌 9단의 세기의 대결로 관심을 모았던 바둑 경기가 진행 되면서부터였을 것이다.

이세돌과 알파고의 대국
〈출처 : http://sbsfune.sbs.co.kr/news/news_content.jsp?article_id=E10007570846,
이세돌 알파고 대국 중계하는 SBS 제공〉

역사적인 세기의 대결이니, 4차 산업혁명에 미래의 삶의 변화가 우리 인간에게 어떠한 영향을 줄 것이니 그런 말을 하려는 것이 아니다. 우리의 관심은 바둑경기가 진행 된 다음날, 바둑 해설자가 전날의 이세돌과 알파고와의 경기를 정확하게 하나도 빠짐없이 기억해 내면서 경기 내용을 자세히 시청자들에게 설명했다는 점에 관심이 있다.

갑자기 이런 궁금증이 고개를 든다. 경기에서 사용된 바둑판에 바둑알이 모두 몇 개나 올라가는 걸까?? 세어보니⋯ 헉~ 205개 정도의 바둑알이 사용되고 있었다.

정말 놀랍지 않은가? 해설자는 전날에 진행된 경기에서 사용된 205개의 바둑알을 모두 기억하면서 제자리에 탁탁, 정확하게 바둑알을 놓았다. 이런 일련의 과정을 바둑용어에서는 '복기(復棋/復碁)'라고 한다. 사전적인 의미로 복기는 바둑을 둘 때 승부가 결정된 뒤 다시 두어보는 행위를 말한다. 아마 처음부터 다시 차근차근 생각해 보라는 의미인 것으로 추측된다.

경험이 없는 사람보다는 경험이 많은 사람이, 아마추어보다는 프로가 더욱 완벽하게 바둑을 복기해 낼 수 있을 것이다. 아마 여러분들은 이 시점에서 '그렇다면 우리 학생들도 수업시간에 공부한 것을 복기해 낼 수 있지 않을까?' 하는 생각을 슬며시 떠올렸을 것이다. 결론부터 말한다면, 가능한 일이다! 해설자가 완벽하게 복기해 냈듯 수업에서 배운 내용 역시 하나도 빠짐없이 기억해 낼 수 있다는 것을! 바둑에서 복기해 내는 것과 같이 연습과 훈련을 통해 반복될수록 완벽에 가까이 복기해 낼 수 있을 것이다. 다만 노력 없는 결과가 없듯이 시도하지 않는다면 아무런 일도 일어나지 않을 것이다.

스마트폰이나 인형을 활용해 자신이 마치 선생님이 된 것처럼 말로 설명하고 가르치면서 배운 내용을 기억하고, 내가 알고 있는 것인지 아니면 알고 있다고 착각하고 있는 것인지를 구분하고, 모르던 것들을 줄여가는 경험을 통해서 공부가 즐거워지고 만만하게 느껴져야 한다.

친구에게 가르치기

공부가 거대한 산 같고 벼랑 끝에 서 있는 것과 같이 두려움이 있다면 가까이 하기는 무리일 것이다. 연습을 통해서 자신감도 어느 정도 만들어지고 공부가 만만해지면 용기를 내어서 친구들에게 내가 알게 된 것을 설명할 기회를 가져보도록 노력하자. 물론 가르치기 위해서 준비하는 시간과 노력을 더 들이게 되지만 관계도 좋아지고 가르치면서 더 잘 이해하게 된다는 깨달음과 함께 혼자 공부 할 때보다 더 오래 기억하게 된다는 신기한 경험도 덤으로 얻게 된다.

다음으로 수업에 '참여하는' 학생이 되어 보기에 도전하자. 참석만 하는 학생이 아니라 참여해서 선생님과 눈도 마주치고, 고개도 끄덕거리고, "아하!", "우왜!"와 같은 소리를 내면서 선생님 수업에 반응도 보이고, 질문에 손도 들어서 설명하는 기회를 가져보는 내가 되어보자. 그러한 나를 발견하면 수업의 즐거움과 학교에 가는 즐거움이 달라질 것이다. 이러한 학습태도와 습관을 가진 학생이 바로 메타인지를 잘 사용하는 친구인 것이다.

수업의 즐거움

▶ 목표 설정과 계획

먼저 무엇을 어떤 방법으로 공부할 것인지, 진도는 얼마큼 나갈 것인지 등 목표를 설정하고 시간과 노력을 배분하는 기술을 익혀야 한다.

- 목표 범위와 내용 확인하기
- 필요한 사전 지식 떠올려보기
- 자신이 공부할 내용에 대해 얼마나 알고 있는지 살펴보기

▶ 과정 점검

학습이 어느 정도 진행되었다면 처음 목표에 얼마나 접근하고 있는지 검토하고 보완해 나가야 한다.

– 미리 생각한 공부 방법이 적당했는가.

– 자신이 내용을 잘 이해하고 있는가.

– 세웠던 계획을 따르고 있는가.

▶ 배운 것을 설명해 보기

학습이 끝났다면 계획한 대로 잘 실천했는지 평가해 본다. 또한 학습의 결론을 도출하고 전체적인 내용도 요약해 본다.

– 다른 사람에게 배운 내용을 설명해보면 내가 이해하고 있는 부분과 그렇지 못한 부분을 자연스럽게 확인할 수 있다.

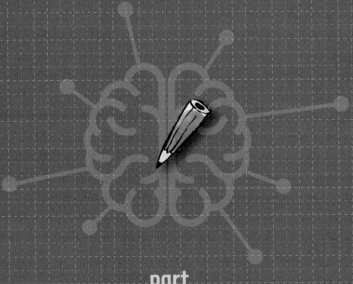

part
03

메타인지 능력을
향상시키기 위한
효과적인 방법

대체적으로 우리가 가지고 있는 오해들은 우리 자녀의 성적이 좋지 못한 원인을 현실적으로 통제하기 어렵거나 실제로 그리 영향을 주지 않는 것에 두기 때문에 발생했다. 수업 환경을 부모나 학생 개인의 손으로 조절할 수 없으며 IQ는 개선될 수는 있으나 획기적으로 향상시키긴 어렵다. 가정환경 역시 단시간에 괄목할만한 변화를 기대할 수 없다.

이렇듯 우리가 노력을 들인다고 해도 눈에 띄는 변화를 기대할 수 없는 요인들에게 그 이유를 물으니 결국 우리는 어쩔 수 없다는 비관에 빠지게 된다. 하지만 언제까지나 이와 같은 절망에 빠져있을 수는 없다. 우리 아이의 모든 가능성마저 포기해서는 안 되기 때문이다.

결과적으로 우리 부모가, 우리 자녀가 스스로 변화하지 않으면 안 된다는 것을 깨닫게 되었다. 즉 우리는 포기하는 것 대신 현실적으로 조절하고 통제할 수 있는 것들을 최대한 활용해야 하는 것이다.

그렇다면 우리가 현실적으로 영향을 행사할 수 있는 건 무엇일까? 이에 대한 답은 계속 직·간접적으로 언급되었던 학습법이다. 학습법은 교실 환경, IQ, 가정환경과 다르게 학습자가 다양한 방법을 시도하는 등 스스로 통제가 가능하다. 이는 앞서 복습 전략에서도 살펴보았는데 제대로 된 복습 전략을 시도하기만 해도 훨씬 더 나은 성과를 얻을 수 있는 것이다. 이제 우리 아이들은 스스로 자신의 컨트롤 타워가 되어서 자신에게 명령을 내리고 그 명령의 성과에 대해 분석하며 더 나은 방향을 도출할 수 있어야 한다. 근본 없는 편견과 결코 도움 주지 않을 외부 요인에 기대는 것이 아니라 우리 아이들이 오롯이 서서 자신을 통제할 수 있어야 우리 아이의 성적이 비로소 변화할 수 있다. 즉 '메타인지'를 통한 학습법은 우리 아이의 성적 변화에 있어 필수적인 것이다.

그러면 지금부터 메타인지 능력을 키우기 위해 도전해 볼 수 있는 몇 가지 방법을 알아보자.

13

놀라운 메타인지 훈련 SQ3R학습법

보통 SQ3R은 독서지도에서 활용되는 방법이나, 숭실대학교CK교수학습계발연구소에서는 이를 독서에만 국한한 것이 아닌 전반적인 학습의 한 전략으로서 학생들에게 메타인지 능력을 훈련시킬 때 사용하고 있다.

교과서나 참고서의 첫머리에는 학습 목표가 제시되어 있다. 이 학습 목표야말로 모르는 곳을 찾아갈 때 도와주는 지도라고 할 만큼 중요하다. 무엇을, 어떻게, 왜 공부해야 하는지 간결하게 제시되어 있다. 선생님들이 교안을 작성할 때도 이것을 뼈대로 하며, 시험 문제를 출제할 때도 이것을 중심으로 문제를 만든다는 사실을 명심해야 한다.

모르는 길을 찾아갈 때 무턱대고 아무 길로나 접어들지는 않는다. 현명한 사람은 지도나 안내서를 미리 준비하여 먼저 자신이 가야 할 길을 찾아보고 출발하게 된다. 학생들에게 메타인지 능력을 갖도록 훈련이 진행될 때 목차를 통해 수업이 어떻게 전개 될 것 같은지를 말로 또는 글로 표현하도록 한다. 이러한 과정이 생략된 공부는 설계도 없이 집을 짓는 것과 같다.

공부도 모르는 길을 찾아 가거나 한 편의 글을 쓰는 것과 같다. 자기가 가야 할 곳을 미리 생각해 두고 지금은 어디쯤 가고 있는지 어디만큼 왔는지 자신의 위치를 확인해야 한다. 아울러 이 단원의 학습을 무엇 때문에, 왜, 어떤 순서로 해야 하는지를 알아야 한다. 기본 설계도가 머릿속에 그려져 있지 않으면 수업시간 선생님의 말씀과 내가 집중해야 할 타이밍을 알 수가 없다. 이를 해결할 수 있는 방법이 바로 SQ3R전략이다. SQ3R은 Survey, Question, Read, Recite, Review의 약자이며 다음과 같은 순서로 진행하면 된다.

SQ3R 전략

〈출처 : https://sites.google.com/a/niskyschools.org/social-studies-7/hame/sq3r〉

1 STEP Survey(개관) : 우선 전체 목차를 보고 책의 주제와 각 장과 절이 어떻게 구성되어 있는지를 훑어본다. 그 후 각 장을 더 작은 단위로 쪼개어 학습 분량을 나눈다.

2 STEP Question(질문) : 공부할 내용에 관한 질문을 스스로 해본다. 예컨대, 관성이라는 것이 무엇일까? 관성은 왜 생겨나게 되었을까?

3 STEP Read(읽기) : 앞서 생각해 보았던 질문을 염두에 두고 책을 읽으면서 질문에 대한 답을 찾으면서, 이때 강조 표시법(highlighting)을 활용하는 것이 좋은데, 이를 위한 활용 지침은 다음과 같다.

- 강조 표시는 주제나 핵심 내용이라고 생각되는 부분을 펜으로 표시하는 것으로 일단 한 번 읽고 난 후에 한다.
- 주요 용어와 개념에 표시한다.
- 그림이나 도표에 표시한다.
- 지나치게 많은 표시를 하지 않는다.
- 노트의 가장자리 여백에 주요 개념, 요점 등을 기록해 둔다.
- 표시를 하는 것에 그치지 말고 이를 정리하여 기록해 둔다.

4 STEP Recite(말이나 글로 표현하기) : 학습한 내용을 스스로 혹은 친구에게 설명해 보거나, 써가면서 요약 정리해 본다. 기억해서 써 보는 것은 이해 여부를 분명히 알 수 있는 가장 효과적인 방법이다.

5 STEP Review(복습) : 읽은 내용에 대해 총 정리하면서 복습한다. 감상적 읽기가 될 수 있도록 읽기의 내용을 자신의 기존 지식, 경험 및 의견 등과 관련지어 본다. 복습을 위한 구체적 기법으로는 다음의 것들이 있다.

- 강조 표시하고 기록해 둔 것을 다시 읽는다. 관련 내용을 기억해서 설명해 본다.
- 제시되어 있는 학습 목표, 학습 문제 등에 대해 답해 본다.
- 자기 스스로 문제를 내고 풀어 본다.
- 그래픽 조직화 방법을 활용하여 핵심 내용을 도식화 한다.
- 기억해야 할 내용과 개념들이 많은 경우에는 학습 카드를 만든다.

이러한 방법은 누구의 도움을 받지 않고서도 지침대로 따라하면 누구나 할 수 있지만 그 효과성은 노력 대비 대단한 성과와 만족을 얻게 된다.

앞의 훈련과정에서 가장 기본이 되면서도 중요한 첫 번째 스텝인 Survey(개관)는 우리 아이가 적용해 볼 수 있도록 꼭 도와주기 바란다. 예를 들어보자. 자녀의 교과서를 펴보면 목차가 있다. 우선 전체 목차를 보고 책의 주제와 각 장과 절이 어떻게 구성되어 있는지를 훑어본다. 모든 교과서는 목차가 있는데 목차의 구성은 대단원-중단원-소단원으로 구성되어 있다. 각 단원은 다른 단원의 맥락을 자연스럽게 연결하고 있다. 그 이유는 수업하는 선생님 입장에서는 효과적인 수업을 제공하기 위해서이고, 학생 입장에서는 학습의 흥미를 이어가기 위해서이다. 실제적인 예와 함께 살펴보자. 중학교 과학 목차를 살펴보면 '힘'이라는 단원이 있다. 단원의 내용은 아래와 같다.

1. 여러 가지 힘

　-탄성력은 어떤 힘일까?

　-마찰력은 어떤 힘일까?

　-자기력은 어떤 힘일까?

　-전기력은 어떤 힘일까?

그리고 순서에 따라 지구상에 존재하는 가장 큰 힘인

-중력은 어떤 힘일까?라는 단원이 소개되고 이어서

-질량과 무게는 어떻게 다를까?

다음으로 중단원에는

2. 힘의 측정과 표시

　-힘의 크기는 어떻게 측정 할 수 있을까?

　-힘은 어떻게 표시 할 수 있을까?

당연히 마지막 단원에서는

3. 두 힘의 합성이 나온다.

　-나란한 두 힘의 합력은 어떻게 될까?

　-나란하지 않은 두 힘의 합력은 어떻게 될까?

　-어떻게 하면 두 힘이 비길까?

다시 말해 어떤 힘은 합할 수 있고 어떤 힘은 합할 수 없다는 논리를 전달하고자 하는 것이다.

이와 같이 Survey(개관) 과정은 선생님이 어떠한 방식으로 수업을 진행할 것인가에 대한 고민과 함께 수업내용을 미리 예측해 봄으로써 수업에서 유익과 주의력에도 큰 영향을 미칠 것이다.

중요한 내용이라 강조를 위해 목차를 보며 Survey 하는 과정을 다시 사례를 들어 살펴보도록 하겠다.

단원명은 "해수의 성분과 운동"이다.

대단원은 바닷물의 성분.

질문 : 바닷물은 어떠한 성분으로 이루어져 있을까?

당연히 누구나 소금(나트륨)이라고 할 것이다.

그러나 다음 목차에는 −바닷물에는 무엇이 녹아 있을까?라고 되어있다. 그렇다면 이때 스스로 이렇게 질문이 만들어진다. '어~? 해수의 성분은 소금이잖아……. 소금 말고 또 다른 물질이 녹아 있단 말인가?' 하고 질문이 생긴다면 바로 해당 페이지를 펴서 확인 하는 단계가 자연스럽게 연결되어야 한다. 해당 페이지에는 자세하게 '물 965g당 염분 35g, 염화나트륨 27.2g, 염화마그네슘 3.8g, 황산칼슘 1.7g, 황산칼륨 0.9g, 기타.' 이런 내용이 나올 것이고 내일 수업에서 이 부분은 선생님께서 매우 중요하게 다루게 될 것이라는 점을 예측할 수 있다.

그리고 이어서 '바닷물의 염분은 어디서나 같을까?'라는 단원이 소개된다 이때도 역시 당연히 이런 질문이 만들어질 것이다.

'어! 그럼 동해, 서해, 남해가 모두 다르단 말인가?'라는 의문과 함께 해당 페이지로 이동하여 확인 결과 '아~! 다르다.'는 점을 이해하고 다음 단원을 확인한다.

−염류 사이의 비율은 어떠할까?

다음으로 중단원에 바닷물의 운동으로 넘어가서 난류와 한류에 대해서 해류는 왜 생기는지 밀물과 썰물은 왜 일어나는지를 순서대로 공부하게 된다.

이러한 과정이 선행될 때 수업시간에 선생님 말씀에 집중을 하며 자신이 준비하고 알고 있던 것과 연결을 짓기도 하면서 몰랐던 부분에 대해서는 질 높은 집중과 자기성찰, 복습이 자연스럽게 연결되는 것이다.

그 후 각 장을 더 작은 단위로 쪼개어 학습 분량을 나눈다. 그리고 예측하면서 학습을 진행한다. 또 내일 배우게 될 내용 중 잠시 머뭇거렸거나 설명을 하기 어려웠던 부분에 대해서는 교과서와 참고서 인터넷 검색이나 백과사전 등 이해를 돕기 위한 보조 자료를 활용하여 좀 더 구체화시키고 수업을 상상한다.

이때 가능한 과목별로 교과서 여백을 적극 사용하고 포스트잇 또는 메모를 붙여가며 교과서를 그림과 같이 풍부하게 만든다.(실제로 해보면 공부가 재미있어지고, 스스로 뿌듯함을 강하게 느끼게 될 것이다.)

나만의 교과서 사례

이처럼 시간이 지나면서 정성이 들어간 나만의 소중한 교과서가 만들어지게 된다.

이러한 준비를 하고 다음 날 수업에 임하게 되면 자신감도 만들어 질뿐더러 자신이 예측하고 준비한 수업내용에 대해 선생님이 말씀하시는 수업내용과 얼마나 일치하게 될지에 대한 기대를 통해 집중력을 유지하게 되고 수업도 재미있다는 느낌을 갖게 된다.

아울러, 가장 중요한 것은 우리 아이가 이런 Survey(개관)를 경험할 수 있는 시간을 확보해 주는 것이다. 학원이나 과외, 인터넷 강의 등에 지쳐 Survey를 진행할 마음의 여유, 체력적으로 준비가 안 된다면, 이 또한 '효과가 없네.'라는 또 하나의 불만 요인으로 남을 수도 있기 때문이다.

결국 예습이라고 하는 것은 어려운 것이 아니다. 학원이나 과외에서 이루어지는 선행학습만을 예습이라고도 할 수 없다. 오히려 그러

한 가지 매우 중요한 습관 TIP

메타인지는 질문하는 능력을 보강해야 한다. (칭찬 받으며 공짜로 과외 받기)
수업 중 이해가 잘 가지 않거나 모르는 내용은 미루지 않고 수업을 마치고 즉시 질문하는 습관은 과외수업 1시간을 받는 효과가 있다. 모르면 뒤로 미루지 말고 질문해야 한다. 칭찬 받으면서 공짜 과외를 받는 것이다. 개인적인 질문이므로 수업 시간 끝나 교무실에 가서 물어보아야 한다. 주의할 것은 질문의 요지를 정리하여 모르는 요점을 말씀드려야 한다는 점이다. 그래야 선생님이 무엇을 모르는지를 알아서 핵심을 찔러주신다. 처음은 어색하겠지만 시도하면 대단한 경험이 될 것이다.

한 선행학습은 학생들에게 알고 있다는 착각을 줌으로써 학교 수업 시간에 집중력을 더 떨어트릴 위험이 있다. 위와 같은 자신만의 교과 서 Survey 과정을 통해 수업시간에 집중력 향상과 더불어 자연스럽 게 예습 복습이 이루어지게 되는 것이다.

14

공부를 할 때 모르는 것보다 더 위험한 것은 오개념

자신이 알고 있는 지식들이 정말 참인지 확신할 수 있는가? 그 지식들에 대해서 명쾌한 설명을 할 수 있는가?

학생들이 시험을 보고 나와서 많이 하는 말 중 "아는데 틀렸다."라는 말이 있다. 분명 공부한 내용이고 확실히 암기까지 한 내용인데, 왜 시험에서는 틀렸을까?

우리의 뇌로 들어오는 지식과 정보를 처리하는 과정을 간단히 이야기하면 '입력 → 저장 → 인출'이라고 할 수 있다. 쉽게 말해 인간은 오감을 통해 정보를 받아들이고 단기기억 또는 장기기억으로 저장한 후 필요할 때 정보를 꺼낸다는 것이다. 그런데 만약 입력 단계에서 자신이 충분히 이해하지 못하거나 잘못 이해한 내용을 입력한다면 어떻게 될까? 아무리 잘 저장하고 제 때에 인출을 한다고 해도 그 내용은 쓸모없는 지식으로 남을 수밖에 없다.

시험을 보고 나와서 아는 문제인데 틀렸다고 말하는 학생은 딱 두 종류로 나뉜다. 주의집중력이 부족해서 문제를 끝까지 읽지 못해 실수한 학생과, 분명히 공부는 했으나 정확하게 이해하지 못해 잘못된 개념으로 문제를 푼 학생이다. 여기서 후자의 학생에 주목할 필요가 있다. 이러한 학생들의 특징은 평소 공부할 때 알고 있다는 착각을 하곤 한다. 학습한 내용을 제대로 이해하였는지 확인도 하기 전에 다음 내용으로 넘어간다든지, 문제풀이 후 틀린 문제가 있을 때 정답만 보고 넘어가기도 한다. 하지만 모르는 것보다 더 위험한 것이 바로 오개념(misconception)이다. 모르는 내용이면 한번이라도 더 보려 하지만, 잘못 이해하고 있는 지식은 자신이 알고 있다는 착각과 함께 계속적인 오류만 양산할 뿐이다.

그렇다면, 학습에 있어서 오개념(misconception)을 줄이는 방법은 무엇일까? 일반적으로 학생들이 많이 사용하는 '오답노트'는 틀린 문제를 다시 쓰거나 노트에 오려 붙인 후 그에 대한 정답을 풀이해 놓는 것이라 알고 있다. 하지만 오답노트를 단순 정답풀이의 모음집으로만 활용을 한다면 효과를 기대하기 힘들다. 자신이 그 문제를 왜(Why) 틀렸는지 진단을 한 후 그 진단에 따른 해결법(How)을 찾고 반드시 정리하는 것이 중요하다. 특히 문제를 틀린 이유가 개념 이해의 부족이었다면 단순히 정답을 찾아내는 것에만 치중해서는 안 된다. 자신이 기본적인 개념의 오류로 인해 문제를 잘못 푼 것이라면 문제집 뒤편에 있는 풀이를 그대로 옮겨 적을 것이 아니라 정확한 개념 이해부터 다시 들어가야 한다. 어떻게 보면 오답노트는 개념에 대한 정확한 이해를 하지 않은 부분을 찾아내는 용도로 사용하는 것이 더 현명하다고 볼 수 있다. 즉 이해가 가지 않는 부분은 미루지 않고 즉각적으로 WHY&HOW 노트를 사용하여 해결하는 습관을 가져야 한다.

가령 참고서로 공부를 할 경우 마치 소설책을 보듯 1페이지에서부터 공부하는 습관이 아니라 내가 알고자 하는 주제 또는 단원의 페이지로 이동해서 해당 영역을 가위로 오려서 Why&How 노트에 옮겨 붙이고 자신이 이해한 방법을 정리하면서 완성해 나가다보면 서너 권의 참고서가 하나의 챕터로 압축이 되고 그 내용이 바로 자신이 이해하지 못한 영역이므로 모르는 내용을 줄여나가게 된다. 이렇게 만들어진 Why&How노트는 나만의 노트가 되는 것이다.

이러한 과정을 통해서 오개념이 사라지고 기본적인 개념의 오류로 인해 문제를 잘못 풀게 되거나 실수 하는 일을 상당 부분 줄이게 될 것이다.

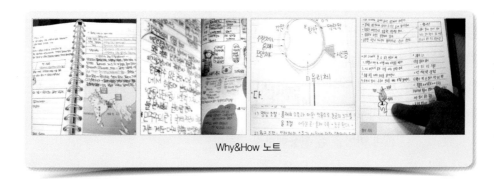

Why&How 노트

15

공부의 발자국을 분명하게 남기기

학창시절. 절대노트를 소유한 경험이 있는가? 유난히 공부를 잘하는 학생들은 수업시간에 잘 집중하였고 사신만의 절대노트를 가지고 있었다. 반면 평소 공부를 안 하던 친구들은 시험기간에 그냥 교과서를 가방에 가득 넣어 다니거나 교과서 내용을 그대로 노트에 옮겨 적기에 바빴다. 노트라기보다는 노동에 가까운 필기를 한 것이다. 우리 아이의 공부하는 패턴과 인지구조를 확인하고 싶다면 지금 아이의 노트를 펼쳐 보자. 단 아이가 눈치 채지 못하게 확인하는 센스가 중요하다. 아이의 노트를 보는 목표를 명확하게 해야 한다. 부모의 역할은 아이의 노트 습관을 통해 어떻게 공부하고 있는지를 알아보기 위함이지 아이의 노트를 보고 꾸짖기 위함이 아니다. 노트가 나름 잘 된 아이의 경우 자신만의 필기 방법을 사용하는 학생이고, 그렇지 못한 아이는 아직 자신만의 필기 방법을 사용하지 못하는 학생이다. 만약 아이가 노트를 제대로 사용하지 못한다면, 지금 공개하는 노트의 절대 비법을 잘 활용해보길 권한다.

기억력보다는 기록을 믿어야 실수하지 않는다. 선생님이 강의하는 내용이 잘 아는 것이라고 기록하지 않으면 언젠가 후회하게 된다. 지금은 잘 아는 것 같지만 그것을 시험 때까지 알고 있을 거라는 보장이 없기 때문이다.

선생님의 강의 중에 중요한 요점을 파악하고 그 부분을 다시 인출하기 위한 단서로 표시를 하는 방법이 가장 좋다. 그러나 많이 기록한다고 해서 좋은 것이 아니라 중요한 부분을 알기 쉽게 기록해 두는 것이 가장 바람직한 필기 방법이다.

코넬노트는 1960년 미국 코넬(Cornell)대학에서 효과적인 학습방법과 학습능률을 올리기 위해 개발한 노트로 그 효과가 이미 많은 학생들의 높은 성적 향상으로 입증된 필기 방법이다. 이번 장에서 소개하는 노트 필기 방법은 코넬노트를 기반으로 숭실대학교 CK교수학습계발연구소에서 개발한 노트 필기 방법이다. 이 필기 방법은 인출단서를 활용한다는 점에서 코넬노트의 장점을 살리고 노트 필기가 단순히 배운 내용을 정리하는 것이 아니라 배운 내용을 참 지식으로 활용하도록 인출하기를 훈련하는 내용들로 더욱 발전된 것이 특징이다.

CK식 노트 필기를 위한 첫 단추는 문장에서 인출단서를 찾거나 만드는 것이다. 아이와 함께 인출단서를 찾는 활동을 해보자. 인출단서는 필기한 내용을 보다 쉽게 기억해 내기 위한 요소로 크게 세 가지 영역으로 구분된다. 내가 필기한 날짜, 과목, 선생님 등과 같이 필기를 실시하기 전에 진행되는 영역과 실제 필기를 진행하며 기록한 내용을 인출해 내기 위한 영역, 그리고 필기 중에 떠오른 생각들이나 질문들을 기억하기 위한 영역이다. 문장에서 가장 핵심이 되는 키워드 혹은 스스로 생각할 때 가장 중요하다고 생각하는 것을 인출단서로 찾는 경우가 가장 많다. 그러나 일부 학생들은 주어진 내용을 바탕으로 인출단서를 만드는 경우도 있다.

서울 D초등학교 5학년 교실에서의 일이다. 삼국시대의 전성기에 대한 수업이 이어지던 중 한 학생이 인출단서에 '백사구라'라는 단어를 적었다. 연구원이 학생에게 다가가서 '백사구라'가 무엇을 의미하는지 물어보았고, 학생은 칠판에 '백사구라'를 설명하였다. '백사구라'는 백제는 4C, 고구려는 5C, 신라는 6C기에 전성기를 맞이했다는 내용의 인출단서였다. 얼마나 기발하고 기억하기 쉬운가! 인출단서는 저장되어 있는 내용을 꺼낼 때 사용하는 것이다. 무작정 문장을 외우려 하지 말고 인출단서를 활용한다면 보다 쉽게 기억을 할 수 있다.

인출단서 만들기 사례

16

입체적 작전을 펴라 (자기 책으로 만드는 방법)

다음은 밑줄 긋기 전략이다. 맛있는 요리를 위해서 좋은 재료가 필요하듯이 노트 필기에도 좋은 재료가 필요하다. 노트의 재료는 바로 교과서이다. 수업시간 중요하거나 기록해야 할 것을 교과서에 얼마나 잘 표시했느냐가 노트를 보다 풍성하게 할 수 있는지를 결정한다. 밑줄 긋기에도 전략이 필요하다.

공부는 체계적이고, 입체적인 지식이다. 공부할 책 속에도 중요한 곳이 있고, 위험한 곳(허점)이 있다. 무조건 공부하는 것은 지루하고 어리석다. 생각하며 공부해야 한다. 중요한 곳은 언더라인(underline)을 하고, 색깔 있는 메모리 펜을 사용해서 중요 표시는 소제목 옆에 별표(★)를 하고, 이미 알고 있는 곳은 (←), 자신이 잘 모르는 곳은 허점(○나 △) 표시를 하는 것이다. 그래서 자기의 책(노트)으로 만들어라. 한번 보고 두 번째 볼 때에는 공부 시간은 줄어들고, 다음 번 공부 할 때 '내가 어디서부터 해야 하지 또는 내가 모르는 게 뭐였더라.'와 같은 비효율적인 습관은 사라지고 실력은 향상될 것이다.

그러기 위해서는 나만의 밑줄 긋는 규칙을 만들어야 한다. 밑줄 긋는 규칙은 한 번에 정해지지 않는다. 최소한 일주일 정도 나름대로의 방법에 따라 밑줄을 긋다보면 자신만의 패턴이 나올 것이다. 절대적인 정답이 있는 것이 아니다. 나에게 잘 맞는 방법을 찾는 것이 중요하다.

사진은 학생들이 실제 밑줄 긋기를 한 사례이다.

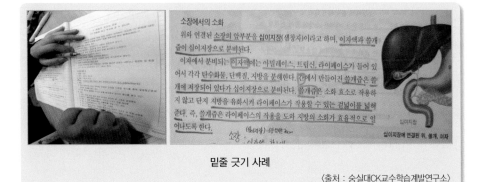

밑줄 긋기 사례

〈출처 : 숭실대CK교수학습계발연구소〉

노트를 잘하는 학생들이 공통적으로 갖는 또 하나의 전략은 수업 시간에 선생님의 말씀을 하나라도 놓치지 않기 위해서 내용을 축약하는 방법을 알고 있다는 것이다. 이때 자신만의 약어나 기호, 부호를 자유자재로 사용할 수 있다면 수업 내용을 빠짐없이 노트하는데 유리하다. 일반적으로 학생들이 처음부터 자신만의 것으로 만들어 사용하는 것은 어려울 수 있기 때문에 학생들을 훈련 할 때 사용하는 일반적인 약어 30여 가지를 소개한다.

아래 약어들을 자녀가 본인의 것이 되도록 사용하게 하자. 그리고 익숙해지면 자신이 기억하기에 좋은 약어들을 새롭게 만들어 사용하도록 해보자!

일반적인 약어의 예

↑	상승, 증가	>	점진적 감소, ~보다 크다
↓	하강, 감소	vs	~대~
=	동의어, 유의어	cf	비교
⇔	반의어, 대조	P	페이지
∵	왜냐하면	Q	질문
∴	그러므로	W	~와, ~와 함께
±	범위	w/o	~를 제외하고
+	추가, 첨가	→	이로 인한 결과
−	경감, 빼기	←	어떤 결과로서
※, ★	중요한 것	or	혹은
≠	다르다, 차이	&	그리고
≈	약, 대략	etc	기타
#	번호	%	비율
ex, eg	사례	?	의문, 질문
<	점진적 증가, ~보다 작다	₩	(화폐단위) 원

이때 주의할 점은 위 약어를 아이들에게 암기하도록 강요하지 말아야 하는 것이다. 실제 많은 부모들이 아이들에게 위 약어를 암기하도록 한 사례가 있기 때문에 특별히 당부한다. 약어는 외우는 것이

아니다. 몇 번 사용하다 보면 나에게 익숙한 혹은 자주 사용하는 약어가 생겨난다. 아이와 함께 약어들과 그 뜻을 생각해 보았다면 실제 그 약어를 활용할 수 있는 경험을 만들어보자. 꼭 앞서 제시한 약어만 사용해야 하는 것은 아니다. 자신만의 약어를 만들어 사용하는 것도 추천한다.

인출단서를 찾고, 밑줄 긋고, 약어를 사용하는 경험을 했다면 주어진 문장을 나만의 이해 수준으로 바꾸는 '문장 재구성'을 해보자. 앞서 공부를 안 하는 아이들의 특징을 이야기 하며 교과서의 내용을 무작정 적는 경우를 언급하였다. 이런 학생들의 특징이 수식어, 조사, 느낌표 하나 빼지 않고 그대로 교과서를 옮긴다는 것이다. 중요한 것은 내용을 얼마나 정확하게 이해했는지이고, 그것을 어떻게 줄여보느냐에 있다. 문장을 나만의 이해 수준으로 재구성하는 것은 본문 내용을 변형시키지 않는 수준에서 이해하기 쉽게 자신의 말로 다시 적어보는 것이다.

여기까지 여러 활동을 통해 CK식 노트 필기를 할 준비를 마쳤다. 이제 다음과 같이 노트의 구획을 나누고 각 구획의 규칙에 따라 필기를 해보자. 그 구체적인 필기 방법은 다음과 같다.

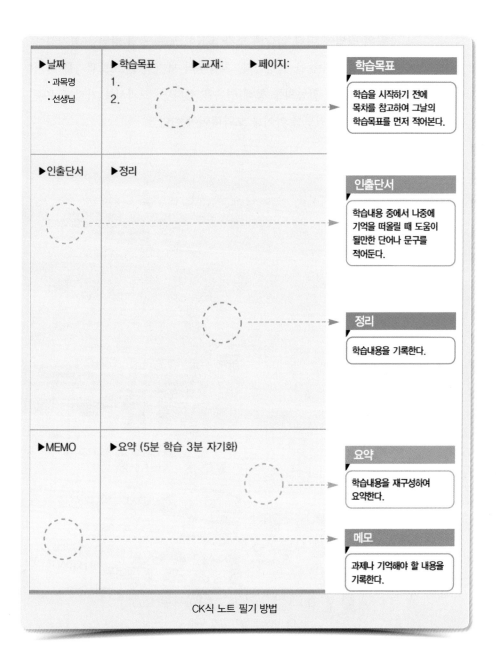

CK식 노트 필기 방법

앞의 방법에 따라 연습해 보자. CK식 노트 필기 방법은 필기하는 사람의 인지 수준을 반영한다. 처음부터 보기 좋은 노트필기를 하기란 쉽지 않다. 활동지를 통해 연습을 했다면, 교과서를 가지고 꾸준히 필기할 수 있도록 아이를 도와주어야 한다.

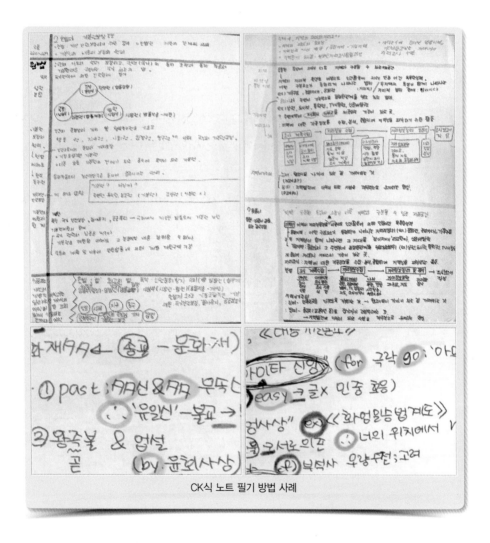

CK식 노트 필기 방법 사례

가급적이면 앞의 규칙에 따라 노트 필기를 하도록 하는 것이 좋다. 적어도 한 학기 동안 위 방법으로 필기한 아이는 자신만의 방법이나 규칙을 추가로 사용하는 경우가 있다. 줄을 하나 더 그어 새로운 영역을 만들어내는 경우도 있고, 구획을 통합하여 사용하는 사례도 있다.

17

연결되지 않은 지식은 내 지식이 아니다

우리가 새로운 정보를 입력하고 저장할 때 뇌 속에서 반드시 이루어지는 작업이 있다. 바로 새로운 지식을 기존의 시식과 연결시키는 작업이다.

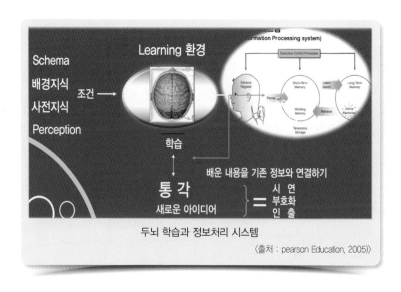

두뇌 학습과 정보처리 시스템

〈출처 : pearson Education, 2005)〉

앞의 그림에서와 같이 학습 환경에서 기존에 가지고 있는 배경지식 또는 사전지식을 동원하여 새로운 지식을 통각(統覺), 즉 자신의 의식 속으로 통합하는데 이를 쉽게 이야기하면 배운 내용을 기존 정보와 연결시키는 것이다.

어떤 학생이 과학시간에 짚신벌레에 대해서 배운다고 가정해 보자. 이 학생이 짚신을 알고 있다면 짚신의 모양, 특징들을 떠올리면서 짚신벌레의 생김새와 바로 연관시킬 수 있을 것이다. 그리고 이후 짚신벌레를 기억(인출)해 낼 때에도 짚신이라는 단어를 통해 그 생김새를 쉽게 떠올릴 수 있다. 그러나 만약 짚신에 대해 전혀 모르고 있는 학생이라면 짚신이라는 단어부터 매우 생소하게 느끼며 그 벌레의 이름과 생김새를 연결시키기 힘들 것이다.

컴퓨터는 무질서한 정보들의 홍수 속에서도 필요한 정보를 잘 찾아내지만, 인간은 이미 알고 있는 정보와 연결했을 때 잘 기억할 수 있다. 연결되는 것이 많을수록, 그리고 연결을 효과적으로 시킬수록 기억이 더 잘 된다는 뜻이다. 그렇다면 새로운 정보와 기존의 정보를 연결시켜 오랫동안 기억하고, 이를 필요할 때 꺼내기 위해서는 어떠한 노력이 필요할까?

첫 번째 방법은 시연(rehearsal)이다. 여러분들이 전화를 걸 때 전화번호를 잊지 않기 위해 중얼거리며 반복하는 행위가 시연이다. 일정기간 동안 정보를 머릿속에 유지시키기 위해 반복을 하기 때문에 유지시연(maintenance rehearsal)이라고도 부른다. 학습에 있어서도 교과 내용을 소리 내어 읽고 암송하는 경우가 이에 해당된다. 하지만 이러한 단순 반복은 대본 암기나 단어 철자 암기와 같은 경우에는 유용하지만, 좀 더 복잡한 내용을 장기기억으로 넘기기에는 충분하지 않다.

이에 두 번째 방법으로, 정교화(elaboration) 또는 부호화(encoding) 전략이 필요하다. 학습하는 내용을 영구적으로 기억에 남기기 위해 사용하는 전략으로, 새로운 정보와 기존의 정보를 연결하는 것을 말한다. 서로 관련이 없는 단어들을 이야기 형태로 엮어 암기하는 스토리텔링 기법이나, 입에 잘 붙지 않는 어려운 내용을 자신에게 익숙한 노랫말에 붙여 암기하는 기법, 복잡한 내용의 순서를 자신이 잘 아는 공간 위치에 투영시켜 떠올리는 기법, 익숙한 이미지

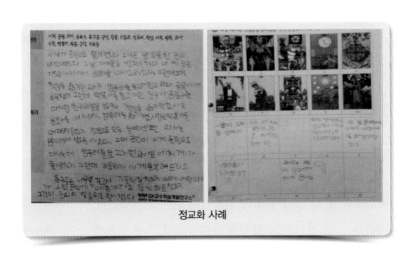

정교화 사례

로 연상하여 기억하는 기법 등 다양한 방법이 있다. 따라서 학생들은 자신에게 잘 맞는 전략이나, 과제의 성격과 특성에 따라 적합한 전략을 취사선택하여 적용할 필요가 있다. 선생님의 입장에서는 학생들에게 "이 개념의 의미는 앞에서 논의된 내용과 어떻게 다를까?"와 같은 질문으로 이미 학습한 내용과 새로운 내용이 통합되도록 이끄는 것이 필요하다.

세 번째 방법으로, 조직화(organization) 전략이 있다. 말 그대로 정보를 비슷한 것과 그렇지 않은 것으로 성격을 구분하여 범주화하고 재구성하는 것을 의미한다. 여러분들에게 서로 연관성이 없는 단어 30개를 보여준다고 하자. 사과, 책, 텔레비전, 음료수, 군인, 책상, 자동차, 연필, 골프채, 배우, 냉장고, 자전거, 케이크, 학교…….. 이처럼 무질서하게 나열된 단어들을 아무 전략 없이 외우라고 한다면, 몇 개나 외울 수 있을까? 그러나 단어들을 큰 범주로 구분한 다음 외운다고 하자. 먹을 것에는 사과, 음료수…, 사람에는 군인, 배우…, 탈 것에는 자동차, 자전거 등……. 이렇게 먹을 것, 사람, 탈 것 등 상위개념을 세워두고 각각의 하위개념으로 분류해 외운다면 이전 방식보다는 훨씬 암기에 수월해지는 것을 느낄 수 있다. 학습에 있어서도 마찬가지이다. 학습내용을 위계화, 도표화, 서열화, 개요화하는 작업을 통해 내용들 간의 논리적 관계를 이해하고, 마치 컴퓨터 폴더에 이름을 붙이듯 상위개념 또는 핵심 키워드로 범주화했을 때 인출이 쉬워진다.

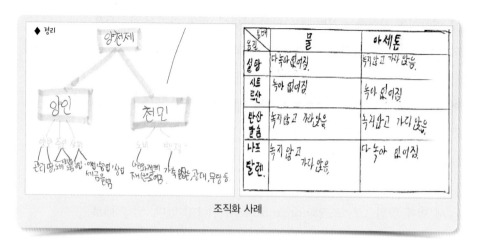

조직화 사례

이처럼 시연, 정교화, 조식화와 같은 전략을 사용하여 지식들이 장기기억 속으로 탄탄하게 저장되었을 때, 우리는 그 안에서 기존 정보를 응용하고, 또 다른 아이디어를 창출해내고, 창의적인 사고를 해낼 수 있는 것이다. 메타인지는 자신이 기존에 가지고 있는 지식을 한 단계 높은 수준에서 바라봄으로써 그 지식을 활용하고 응용하면서 새로운 지식을 창출해내는 능력과 밀접한 관련이 있다.

지금까지 설명한 방법들을 적극적으로 적용하여 자녀가 메타인지를 자연스럽게 사용할 수 있도록 연습하고 익숙해질 때까지 포기하지 말고 적용시켜보도록 하자.

자신이 배우고 익힌 지식을 누군가에게 말로 이해시키고 설득할 수 없다면, 또한 자신이 가지고 있는 지적 자원을 적재적소에 분배하고 활용할 수 없다면, 이러한 지식은 내 속에 살아있는 진짜 지식이라고 할 수 없다.

메타인지란 내가 무엇을 알고 무엇을 모르는지를 정확히 알고, 내가 하는 행동이 어떠한 결과를 가져올 것인지를 알고 기대하는 능력이다.

4차 산업혁명이라는 거대한 변혁기를 맞아 이제 교육은 아이들이 미래 사회에서 경쟁력 있는 인재로 자라날 수 있도록 하는 핵심 역량을 길러줄 수 있어야 한다. 다음 장에서는 경쟁력 있는 21세기 인재가 갖추어야 할 핵심 역량은 무엇인지에 대해서 알아보도록 하자.

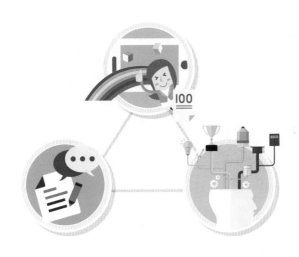

메 타 인 지 와 말 하 는 공 부

part
04

◇◇◇◇◇

4차 산업혁명과
교육의 미래

18

4차 산업혁명 시대가 요구하는 인재상

지금까지 학생 한 개인이 메타인지를 자신이 학습하는 데 있어 어떻게 활용할 수 있을지 알아보았다. 하지만 오로지 한 개인의 노력만으로는 온전하게 변화를 이끌어내는 데에 한계가 있다. 좀 더 근본적으로 무언가가 변화하여야만 비로소 얻을 수 있는 게 있다. 그것이 무엇일지, 어떻게 하면 그것을 얻을 수 있는지 우리 시대의 변화의 흐름을 읽는 데에서 답을 찾고자 한다.

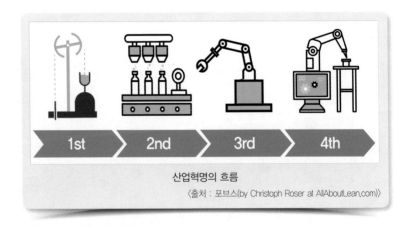

산업혁명의 흐름

〈출처 : 포브스(by Christoph Roser at AllAboutLean.com)〉

4차 산업혁명의 폭풍이 몰려오고 있다. 증기기관으로 대표되는 1차 산업혁명, 전기를 이용한 대량생산으로 대표되는 2차 산업혁명, 컴퓨터 등 정보화 기술로 대표되는 3차 산업혁명. 그리고 뒤이어 인공지능과 로봇 기술, 생명공학 기술 등으로 대표되는 4차 산업혁명은 더 이상 먼 훗날의 이야기가 아니다. 머지않아 거리는 직접 운전하지 않아도 스스로 달리는 차들로 붐비고, 인공지능을 장착한 로봇이 공장과 사무실의 일자리를 차지할 것이라고 미래학자들은 내다보고 있다. 특히 인공지능을 장착한 로봇은 기존의 로봇과는 달리 인간의 단순 육체노동만 대체하는 것이 아니라는 점에서 기대와 우려가 크다. 인간의 마지막 보루처럼 여겨지던, 생각하고 판단하는 정신노동을 이제 로봇도 할 수 있게 된 것이다.

구글 사(社)의 자회사인 구글 딥마인드 사(社)가 제작한 바둑 AI 알파고(AlphaGo)가 맨 처음 세계에 소개되었을 때 거의 대부분의 사람이 인간의 승리를 당연하게 생각했다. 고도의 지력이 요구되는 바둑에서 인공지능은 결코 인간을 넘어설 수 없을 것이라 자신했던 것이다. 하지만 이런 기대는 알파고가 세계적인 명성을 누리던 프로 기사들을 가뿐히 격파하면서 모래성처럼 허물어져버렸다. 이 때 우리는 인간을 뛰어넘는 인공지능을 보며 충격을 넘어 정체모를 공포를 느끼게 되었다. 인간이 캄캄한 어둠을 두려워하는 건 그 어둠 안

구글 딥마인드
〈출처 : COLDFUSION TV, TRT WROLD〉

에 무엇이 있을지 모르기 때문인 것처럼, 우리가 이 때 공포를 느낀 건 인공지능이 과연 어디까지 발전할 것인지, 미래에 인간과 기계의 관계가 어떻게 될 것인지에 대한 불확실성과 불안에서 비롯되었을 것이다. 4차 산업혁명이 성큼 다가온 이 때, 그저 무지에서 시작된 두려움만을 안고 있으면 아무런 대처도 하지 못하고 4차 산업혁명의 폭풍에 무참히 휩쓸려나갈 것이다. 따라서 막연한 두려움에서 벗어나기 위해, 그리고 우리가 머지않은 미래를 대비하기 위해 어떤 사람이 되어야 하는지, 더 나아가 우리 아이들을 어떤 사람으로 길러야 하는지 알기 위해서는 미래의 변화 방향을 예측해볼 필요가 있다.

사실 4차 산업혁명의 변화 속도를 완벽하게 예측할 수는 없다. 당장 인간은 몇 천년 동안 스마트폰을 사용하지 않았지만 스마트폰이

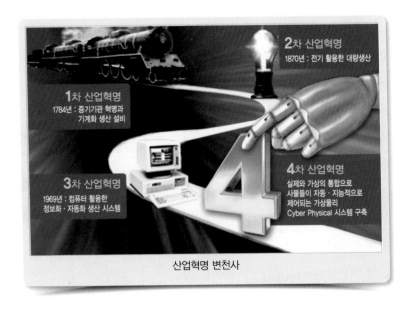

산업혁명 변천사

우리 삶을 점령하는 데에는 5년도 채 걸리지 않았다는 점에서 이를 알 수 있다. 그 누가 스마트폰이 이토록 빠르게 우리의 삶을 지배할 것이라고 예상했을까. 이처럼 미래에 대한 예측은 어렵지만 현재 단계에서는 다음과 같은 몇 가지 전망을 내놓을 수 있다.

첫째, 사람들은 소비자로서 4차 산업혁명의 혜택을 누릴 수 있지만, 생산자로서는 일자리의 기회를 잃어버릴 것이다. 1, 2차 산업혁명 때 기계가 도입되어 농업과 제조업에서 인간의 일자리가 점점 줄어들었던 문제는 서비스산업이 커지면서 새로운 일자리가 창출되면서 어느 정도 해결되었지만, 4차 산업혁명에서는 서비스산업 부분의 일자리마저 인공지능 로봇이 대체할 것이다. 가령 인공지능이 제철 요리를 위한 재료를 알아서 판단하고 주문한 후 결제까지 완료한다면 인간은 그저 운반된 재료를 편하게 받아서 요리를 하면 되니 힘들게 마트까지 나가 장을 볼 필요가 없다. 그러면 마트에서 결제를 도와주는 캐셔들은 모조리 직장을 잃게 되는 것이다.

둘째, 부의 창출에 있어서 창조적 과학지식과 기술의 역할이 커짐으로써 이러한 능력을 보유한 소수의 사람과 그렇지 못한 대다수의 사람 간의 빈부격차가 더욱 더 커질 것이다. 생산성이 높아진 결과, 절대적 빈곤은 사라지겠지만, 학습능력과 교육기회의 격차에서 발생하는 상대적 빈부격차는 엄청나게 심해질 것이다.

삐삐와 피처폰
〈출처 : 온라인 커뮤니티〉(참고 : http://it.chosun.com/news/article.html?no=2484500&sec_no=336)

셋째, 지식의 유통기한이 짧아질 것이다. 지금 중요하다 생각하면서 열심히 배우고 공부한 지식이 수년 내에 쓸모없는 것이 될 수도 있다. 이는 다음의 예를 통해 쉽게 알 수 있는데, 삐삐가 활성화되었던 것은 1980~1990년대이기 때문에 삐삐 사용법 지식이 유용했던 것은 약 20년 정도였다. 그런데 삐삐를 대신하여 활성화되었던 핸드폰, 일반적으로 피처폰이라고 불리는 기기는 2000년에서 2010년까지 널리 활용되었으므로 피처폰 지식이 유용했던 것은 약 10년 정도이다. 전화기 활용 지식의 유효기간이 그 짧은 기간에 반이나 줄어든 것이다. 이렇듯 지식은 한 번 배운다고 해서 완벽해지는 것은 아니며 배우는 지식의 신선도는 배우고 있는 그 순간에도 실시간으로 떨어지게 된다. 이에 학벌과 졸업장을 중시하던 시대에서 끊임없이 쏟아지는 지식을 탐구하고 학습하는 능력을 중시하는 시대로 옮겨가게 될 것이다.

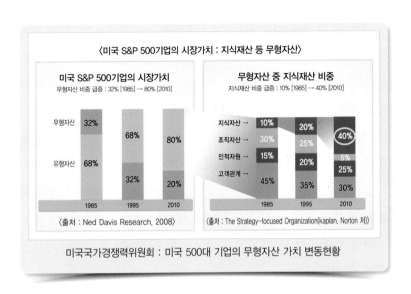

〈미국 S&P 500기업의 시장가치 : 지식재산 등 무형자산〉

미국 S&P 500기업의 시장가치
무형자산 비중 급증 : 32% [1985] → 80% [2010]

무형자산 중 지식재산 비중
지식재산 비중 급증 : 10% [1985] → 40% [2010]

〈출처 : Ned Davis Research, 2008〉

〈출처 : The Strategy-focused Organization(kaplan, Norton 저)〉

미국국가경쟁력위원회 : 미국 500대 기업의 무형자산 가치 변동현황

미국 국가경쟁력위원회(Council on Competitiveness)가 2004년에 발표한 보고서에 의하면, 20세기 마지막 20년 동안 미국 500대 기업의 시장가치에서 무형자산(Intangible assets)이 차지하고 있는 비중이 32%에서 80%로 크게 늘어났다. 지식정보화사회 이후 재산의 형태가 토지, 기계, 건물 등 물질적인 것으로부터 기술, 지식, 정보 등의 비물질적인 것으로 바뀌게 된 것이다. 예전에는 속칭 '○○건물주'가 부자를 뜻하는 말이었다면 앞으로는 '○○정보주'가 부유함의 상징이 될 것이라고 우스갯소리 삼아 말할 수도 있을 것이다. 어찌 됐든 오늘날 글로벌 시장에서 치열하게 다투고 있는 초일류기업과 초일류국가일수록 눈에 불을 밝히고 우수한 인재를 받아들이려고 하는 것은 부를 창출하는 데 있어 기술, 지식, 정보 등 사람의 능력이 차지하는 역할이 결정적으로 커졌기 때문이다.

이제 곧 다가올 미래에는 창조적 지식과 기술 능력을 얼마만큼 가지고 있는가에 따라 개인과 기업, 나아가 국가들 간의 빈부 격차가 훨씬 커질 것이다. 4차 산업혁명 시대는 창조적 지식과 기술 능력을 확보하지 못한 개인이나 기업, 국가는 정체와 쇠퇴의 길을 걷게 되겠지만, 반대로 이를 확보한 개인이나 기업, 국가에게는 엄청난 부와 도약의 기회가 주어질 것이다. 피처폰 시장에서는 강자였던 핀란드의 기업 노키아 사(社)가 스마트기기 시장에 빠르게 적응하지 못해 점차 힘을 잃어간 것에 반해 좋은 품질과 저렴한 가격으로 경쟁력을 갖춘 중국의 샤오미 사(社)가 새로운 강자로 떠오른 것에서 이러한 경향을 엿볼 수 있다.

인재의 능력이 갈수록 중요해지는 이 문명사적 전환기를 맞이하여 개인은 구체적으로 과연 어떠한 역량(Competency)을 길러야 하

인공지능 VS 인간 수익률 빅매치

〈출처 : 한국경제TV〉

는가? 이는 개인의 성공적인 삶을 위해서뿐만 아니라 국가 공동체의 성장과 번영을 위해서도 중요한 문제가 아닐 수 없다.

창조적 지식과 기술 능력이 부의 원천이 되는 시대, 인공지능을 장착한 로봇이 인간의 일자리를 빼앗아가는 4차 산업혁명의 시대를 맞이하여 미래에 필요한 핵심적인 역량과 소양은 과연 무엇일까? 즉 우리 아이들은 어떤 능력을 기르기 위해 공부해야 하는 걸까?

아마도 이 질문에 대해서 미래에 생길 직업을 예상해보면 되지 않겠냐는 답을 생각해냈을 수도 있다. 새로 만들어질 직업들에 어떤 능력이 필요한지 살펴보고 비교해 보면 공통적으로 겹치는 게 있을 것이니, 이 공통되는 능력을 기르기 위한 맞춤 교육을 실시하면 되지 않겠냐는 것이다. 가령 무인자동차 전문 정비사가 생길 것이라 예상하고 무인자동차 전문 정비사에게는 인공지능에 대한 이해 능력이 필요할 테니 이를 교육시켜야겠다고 결론내리고 인공지능 캠프에 보내는 식이다. 실제로 2016년, 특히 우리나라 사람들을 충격과 공포에 휩싸이게 했던 알파고 사건 이후에 우리 사회 일부에서는 앞으로 사라질 직업을 대신하여 미래에 새롭게 생겨나 인기를 끌 직업이 무엇인지 예측하고 준비해야 한다는 주장이 힘을 얻고 있다. 하지만 이런 생각은 미래를 준비하는 우리 아이들을 자칫 잘못된 방향으로 안내할 위험이 있다는 점에서 아주 신중하게 접근할 필요가 있다.

국가수리과학연구소의 박형주 소장은 2016년에 국회에서 열린 미래교육의 방향에 관한 강연에서 "직업의 탄생과 소멸이 빈번한 21세기에는 미래에 새롭게 생길 일자리를 예측하여 이에 맞는 맞춤식 직업교육을 하는 것은 매우 위험한 일일 수 있다."고 지적하였다. 수많은 직업들이 사라지면서 동시에 새롭게 생기는 미래의 직업을 정확히 예측하기도 쉽지 않을 뿐 아니라, 특정 직업만을 목표로 하여 그에 필요한 기술과 소양만을 얻도록 하는 것은 오히려 더욱 빈번해질 직업 간의 이동을 가로막는 장벽으로 작용할 수도 있다는 것이다. 따라서 지금 당장의 필요에 맞는 맞춤식 직업교육보다는 인공지능이나 기계가 대체할 수 없는 인간만의 고유한 능력을 키우는 교육이 더욱 중요해질 수밖에 없다. 박 소장은 "직업 간의 빈번한 이동이 필연적인 미래에는 다양한 직업에 범용적으로 활용할 수 있는 보편적 역량과 학습능력을 갖추는 것이 중요하다"고 강조한다.

그렇다면 특정 직업에 매이지 않고 보편적으로 활용될 수 있는 역량으로는 무엇이 있을까? 컴퓨터와 인터넷의 발달로 지식의 총량이 무한대로 커지고 있는 오늘날, 누가 머릿속에 더 많은 지식과 정보를 담고 있는지는 무의미하다. 다른 사람보다 단순히 양적으로 더 많은 지식을 알고 있다고 해서 그 사람이 더 뛰어난 인재라고 말할 수 없는 것이다. 어떤 사람이 아무리 많은 지식과 정보를 알고 머릿속에 기억하고 있다고 하더라도, 그것은 컴퓨터와 인터넷이 보유하고 있는 지식과 정보의 양에는 감히 비교조차 할 수 없기 때문이다. 2016년, 전 세계의 저명한 기업인, 학자, 정치인 등이 모여 글로벌 이슈에 대해 토론했던 다보스 포럼(Davos Forum)의 '미래직업보고서(The Futures of Jobs, 2016)'에 따르면, 인간의 삶의 전 영역에서 엄청난 양의 지식과 데이터가 만들어지고 있어서 지난 2년간 세계 휴대폰을 통해 생성된 정보는 2천년 인류 역사 전체를 통해 생산된 정보 총량과 같다고 한다. 이렇게 빠른 속도로 변해가는 지식과 정보를 모두 찾아내 기억하는 것은 불가능할뿐더러, 더구나 데이터 속의 숨겨진 의미가 분석되고 이해되지 못한 채 쌓이는 정보 데이터들은 그야말로 무의미한 숫자의 집적일 뿐이다. 석유는 잘 정제해서 쓰면 강력한 에너지원이지만 그 쓸모가 발견되지 않는다면 아무리 많더라도 그저 냄새나고 더러운 액체에 지나지 않는 것과 같다.

그렇다면 이런 생각에 다다를 수도 있다. 석유가 많으면 많을수록 좋은 것처럼 지식과 정보도 최대한 많이 모아서 그것들을 모두 학습하고 분석해야 하는 걸까? 그러나 이제 지식과 정보를 두뇌 속에 꾸역꾸역 집어넣어 암기하고 또한 이를 얼마나 많이 기억하고 있는가를 평가하는 식의 공부는 무의미하다. 갈수록 무한대에 가깝게 늘어나고 있는 지식과 정보를 한 사람의 머릿속에 모두 집어넣는 것은 불가능하기 때문이다. 게다가 용도를 모르면 석유를 억지로 많이 모은다고 해도 쓸모없는 것처럼, 그 의미와 맥락이 제대로 이해되지 않은 지식과 정보를 인간의 머릿속에 저장하여 외우도록 하는 것은 아무 의미가 없다. 필요한 지식과 정보는 인간의 두뇌와는 비교도 할 수 없는 기억력과 빠른 연산 속도를 자랑하는 '외장 두뇌'에 저장하면 그만이다.

따라서 이제 지식과 정보를 단순히 전달받고 이를 머릿속에 암기하여 기억하기 위해 학교에 가고 강의실을 찾는 것은 의미가 없어졌

스마트폰으로 대표되는 지식정보사회

〈출처 : 조선비즈〉

다. 가령 교실에서 몇 십 시간을 들여 겨우 머릿속에 정보를 넣었는데 스마트폰을 켜서 검색을 하자마자 몇 초 안에 배운 내용을 전부 찾을 수 있다면 그보다 허무한 일은 없을 것이다. 지금까지는 머릿속에 많은 지식을 넣고 있는 사람이 훌륭한 인재로 인정받아 챔피언 벨트를 매고 있었다면, 이젠 그 벨트를 반납할 때가 되었다.

결론적으로 많은 미래학자들이 목소리를 높이고 있는 것처럼, 앞으로는 지식과 정보는 그 자체만으로는 별로 쓸모가 없는 시대가 될 가능성이 커졌다. 이는 지식의 양이나 정답이 정해진 문제를 푸는 것은 인간이 컴퓨터나 인공지능을 결코 이길 수 없기 때문이다. 지식을 머릿속에 집어넣고 암기하는 데 주력하는 공부는 컴퓨터와 인공지능에 백전백패할 수밖에 없는 인력을 길러낼 뿐이다. 이제 중요한 것은 수많은 지식과 정보 속에 숨겨진 본질적 의미와 맥락을 통찰하고, 이를 창조적으로 활용하는 능력이다. 시대의 흐름을 읽어내고 중요한 질문을 할 줄 알며, 정답이 없는 현실의 문제를 해결하기 위해 필요한 지식과 정보를 찾아내 창의적으로 해결책을 만들어내는 역량을 키우는 것이 결정적으로 중요해졌다. 이러한 능력을 무엇이라고 부르든 간에 그 속에 있는 공통적인 본질은 바로 '생각하는 힘'이다. 4차 산업혁명이 몰아쳐오는 이 새로운 문명사적 전환기에 이제 우리 아이들이 미래의 변화에 적응하여 핵심적인 경쟁력을 갖추는 데에 가장 중요한 역량은 바로 생각하는 힘이다. 이제 지식을 집어넣는 교육이 아니라 생각을 끄집어내는 교육이 필요한 때다. 우리 아이들에게 생각하는 힘을 길러주는 것이야말로 4차 산업혁명 시대에 학교와 부모가 아이들을 교육할 때 반드시 고민해야만 하는 최우선 과제라 할 수 있다.

19

미래 인재의 핵심 역량 (Key Competency)

계속 이야기되고 있는 미래 교육에 대한 고민은 우리나라뿐만이 아니라 전 세계적으로 이루어지고 있다. 이러한 미래 교육에 대한 고민의 거대한 흐름 안에서, 최근 전 세계적으로 주목받고 있는 새로운 교육 방향이 바로 '핵심 역량(key competency)'에 대한 강조이다. 즉 지금까지 교육에서 강조해왔던 지식 중심의 학력(學力)뿐만이 아니라 이를 넘어서는 역량을 우리 아이들에게 교육해야 한다는 것이다. 지금까지 학력은 교과서에 있는 지식을 얼마나 잘 이해해서 머릿속에 기억하고 있는지를 뜻하는 지식 성취도에 지나지 않았다. 그러니 시험을 통해 지식을 얼마나 잘 기억하고 있는지 평가하여 확인하려 한 것이다. 한마디로 기억력을 평가해왔던 것이다. 하지만 학력의 정의가 '지식을 아는 정도'일 뿐이라면 점수를 통해 학력을 평가하는 건 결국 학생 개인 삶을 예측하는 데에는 분명 한계가 있다. 즉 학교 점수가 좋다고 해서 반드시 그 아이가 성공할 것이라 섣불리 예상할 수 없는 것이다. 물론 성공적인 삶을 사는 사람들 중에는 학교 성적이 좋은 사람들도 많지만, 이에 못지않게 성적이 좋지 않았어도 성공한 사람들 역시 수없이 많다.

스티브 잡스(Steve P. jobs)

아주 대표적인 예로 스티브 잡스(Steve P. jobs, 1955~2011)가 있는데, 그는 세계적인 기업 애플 사(社)의 창업주이자 스마트폰 열풍의 아버지이지만 과거 학교에서는 말썽꾸러기 낙제생에 불과했다. 학교의 시험은 그가 가지고 있는, 그의 성공에 결정적인 영향을 준 능력을 발견하지 못했던 것이다. 이렇듯 인생의 성공을 결정하는 데에는 여러 가지 다른 요인들이 복잡하게 작용하기 때문에 교과서에 있는 표준화된 지식을 얼마나 잘 이해하고 기억하고 있는가의 여부만으로는 한 사람의 성공 가능성을 예측할 수 없다는 건 어찌 보면 당연한 일이다. 따라서 지식을 이해하고 머릿속에 암기하는 방식에 주력하는 교육 방식으로는 아이들이 미래 사회를 성공적으로 개척해나가는 힘을 길러 줄 수 없다는 사실을 알아야만 한다. 기존의 학력을 포함함과 동시에 이를 넘어선 비판적 사고력과 창의적 문제 해결력, 대인관계 능력과 인성 등과 같은 인간의 전체적인 소양과 역량을 함께 키워줄 수 있는 교육이 우리 아이들의 미래를 위해 나아가야 할 방향인 것이다. 교과서의 지식을 잘 습득하고 있는지를 평가하는 '무엇을 얼마나 알고 있는가'의 지식 중심의 교육에서, 성공적인 삶을 살기 위해 필요한 전반적인 능력을 중요하게 생각하는 '어떻게 생각하고 활용할 것인가'의 역량 중심의 교육으로 교육의 큰 흐름이 변화하고 있다.

2016 다보스 포럼

〈출처 : WEF〉

앞서 언급한 다보스 포럼 (Davos forum)의 '미래직업보고서'에서는 미래사회에 필요한 인재가 갖추어야 할 핵심 역량으로 '복잡한 문제를 푸는 능력'을 첫 번째로 꼽았다. 2위에서 5위까지는 비판적 사고, 창의력, 사람 관리 능력, 다른 사람과 함께 일하는 능력인 협업 능력을 제시하고 있다. 핵심 역량으로 들고 있는 5가지를 요약하면, '복잡한 문제를 비판적이고 창의적인 관점에서 해결하는 역량'과 '다른 사람들과 팀을 이뤄 협동적으로 문제를 풀 수 있는 협업 능력'이라고 볼 수 있다. 이에 앞서, 미국의 기업가, 교육가, 정치인들이 21세기 교육을 위해 설립한 'P21(The Partnership for 21st Century Skills)'에서는 학생들이 교과 학습을 통해 지식을 습득함과 함께 21세기의 핵심 역량이라고 하는 4C 능력, 즉 비판적 사고력(Critical Thinking), 창의력(Creativity), 의사소통(Communication skills), 협업 능력(Collaboration) 등을 통합적으로 키워야 한다고 강조하였다. 앞으로는 이러한 역량을 골고루 가질 수 있도록 교육이 이루어져야만 4차 산업혁명 시대를 주도할 수 있는 인재를 기를 수 있다는 것이다.

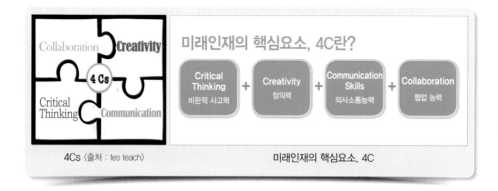

　　세계적으로 이야기되고 있는 핵심 역량에는 비판적 사고, 창의력, 복잡한 문제를 푸는 능력 등 단순히 지식을 습득하는 것을 넘어서서 지식을 창조적으로 활용하고 비판적으로 평가할 수 있는 능력이 포함되어 있다. 지식을 습득하는 것은 기본적으로 필요하지만, 거기에서 더 이상의 발전 없이 머무르기만 한다면 우리 아이들은 미래사회를 주도하는 인재로 성장할 수 없다. 스티브 잡스의 예를 통해 한 번 살펴보자. 스티브 잡스는 매킨토시 컴퓨터를 개발할 때 여기에 서체를 최초로 추가하였고 그 덕분에 우리는 현재에 이르기까지 다양한 서체들을 사용할 수 있게 되었다. 그가 서체라는 시스템을 생각해내고 최초로 컴퓨터에 넣은 것은 누군가가 그렇게 하라고 가르쳐 준 것이 아니라 그가 오롯이 창의적으로 생각해낸 것이다. 매킨토시를 개발하기 10년 전에 그가 대학에서 서체에 대한 강의를 들었다는 것을 생각해보면 실로 엄청난 지식 응용력이 아닐 수 없다. 만일 그가 과거에 배운 서체에 관한 지식을 단순하게 알고만 있고 이를 다양하게 응용하고 창조적으로 적용해내지 못했다면, 컴퓨터의 서체 시스템은

아예 생기질 않았거나 만들어지는 데에 훨씬 더 오랜 시간이 걸렸을 것이다.

한편 전 세계적으로 논의되고 있는 핵심 역량에는 지적인 능력뿐만 아니라 사회적, 정서적 역량도 포함되어 있다. 이는 우리가 살아가는 세상의 문제를 해결하고 뭔가 가치 있는 것들을 해내기 위해선 단순히 머리를 잘 쓰는 것만으로는 안 된다는 걸 의미한다. 다양한 사람들이 다 함께 버무려져 살아가는 세상에선 뭔가를 만들고 이루어내려면 다른 사람들과의 협력이 반드시 필요하다. 자기 혼자만 잘나서 협업을 할 줄 모르는 독불장군 천재는 진정한 인재가 될 수 없다. 세상이 갈수록 복잡해지고 전문 영역이 세분화되고 있기 때문에 세상의 다양한 문제를 해결하기 위해서는 다른 영역들 간의 융합적 접근이 필수가 되고 있고, 이를 위해서는 다양한 사람들과의 소통과 협업에 기초한 문제해결이 반드시 필요하기 때문이다. 이 점은 대학에 개설된 여러 학과들을 통해 약간이나마 엿볼 수 있다. 몇 십 년, 혹은 몇 년 전까지만 해도 대학에 있는 학과들의 이름은 경영학과, 철학과, 행정학과와 같이 포괄적이면서도 평범했다. 그런데 근래 들어 대단히 특이한 분야를 다루는 학과들이 만들어지고 있다. 전남과학대의 호텔조리김치발효학과, 대경대의 동물조련이벤트과, 주성대의 e-스포츠게임과와 같은 학과들이 그것이다. 이런 학과들이 개설되는 건 이런 특수한 분야들이 옛날과는 다르게 학과가 개설될 정도로 규모가 커졌기 때문이다. 즉 여러 분야들이 쪼개지고 생겨나며 또 깊어지면서 세상이 엄청나게 거대해지고 또 복잡해지는 것이다. 따라서 이제는 개인이 혼자 해결할 수 있는 분야가 점차 사라지고 있다. 이제는 문제를 해결할 때 한 명의 개인이 뛰어난 역량을 가진다고 해도 혼자 문제를 해결할 수 없기 때문에 개인이 속해 있는 조직의 역량이 중요해지게 되었으며, 이 조직 안의 다양한 영역의 전문가들이 서로 협력하여 문제를 해결해야만 한다.

핵심 역량에 포함되어 있는 사회적 지능 역량
〈출처 : Specialty(specialtyhmg.com/services/predictive-analytics)〉

한편 21세기 미래사회를 살아가는 데에 필요한 핵심 역량들은 지금까지 듣도 보도 못한 완전히 새로운 것들이 아니다. 사실 지식을 습득하는 것과 더불어 더 나아가 지식을 비판적 창의적으로 활용하는 능력을 중시한 것은 교육에서 오래 전부터 강조되어 왔다. 교실에서 교과 지식을 무조건 외우기만 하는 공부가 아니라 창의력과 비판적 사고력과 같은, 높은 수준의 '생각하는 힘'을 키우는 공부를 함께 해야 한다는 주장은 이미 1950년대에 블룸(B. S. Bloom, 1913~1999)이라는 세계적인 교육학자가 구체적으로 이야기한 바 있다.

완전학습이론을 주장한 블룸(B. S. Bloom)
〈출처 : The Gold Scales〉

블룸은 학습의 목표를 단순하게 지식을 습득하는 데 머물러서는 안 되고 보다 높은 수준의 생각 능력을 함께 키우는 데로 나아가야 한다고 주장했다. 지식을 단순히 기억하고 이해하는 수준을 넘어 지식을 자신만의 방법으로 응용해 보고 분석하면서 비판적으로 평가하고 새로 창안하는 단계까지 나아가야 한다고 강조하였다. 이를 요리에 빗대서 맛있는 떡볶이를 만들기 위해선 마른 멸치로 국물을 내야 한다는 지식을 알게 되었다고 치자. 이때 이 지식을 그냥 기억하는 것에만 그치고 떡볶이를 만들 때에만 마른 멸치를 사용하는 것이 아니라 시원한 국물이 필요한 잔치국수, 소고기 무국 등 다른 요리의 국물을 낼 때에도 마른 멸치를 사용해보는 것, 그리고 마른 멸치로 국물을 내었을 때 국물이 더 맛있어진 게 맞는지 비판적으로 평가하며 이번에는 마른 새우로 국물 만들기를 시도하는 게 바로 블룸이 말한 높은 수준의 지식 활용, 생각 능력인 것이다. 블룸은 교실에서 이러한 고차적인 학습목표를 완전히 달성한 공부를 '완전학습(Mastery

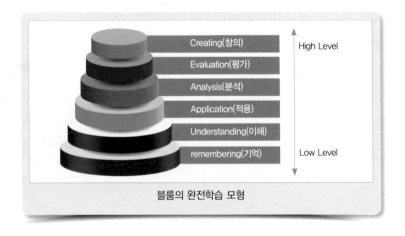

블룸의 완전학습 모형

learning)'이라고 말한다.

　이러한 블룸의 주장은 교육의 목표를 단순하게 지식을 얻고 이것
을 이해하는 데에서 더 나아가 지식을 자신의 방식으로 활용하고 비판
적으로 평가하며, 창의적으로 사고하는 높은 수준의 사고능력을 기르는
것으로 확장해야 한다는 것을 의미한다. 블룸의 이러한 주장은 교육
에서 생각하는 힘의 중요성을 강조한 것으로, 이는 시대를 앞선 매
우 중요한 통찰이었다. 그러나 그것은 동시에 교육의 근본 목적을 높
은 수준의 지식 능력과 인지적 역량의 함양에만 국한시키는 한계를
갖고 있었다. 이러한 측면에서 보면, 블룸의 교육목표이론도 크게 볼
때 여전히 지식 중심의 교육이론이라는 시대적 한계에서 벗어나지
못하고 있다고 말할 수 있다.

　한편 교육계의 살아있는 전설 가드너(Howard E. Gardner, 1943~)
는 교육의 궁극적인 목적을 머리를 쓰는 인지적
역량뿐만 아니라 좀 더 사람의 마음에 가까운
정서적 영역의 가치와 태도를 포함한 인성을 기르는
것으로 확장해야 한다고 주장하면서 다음과 같이
말하고 있다. "교육에 대한 논의는 인지의 영역,
심지어 특정한 학과에 제한돼 있다. 그러나 교육
은 동기, 정서, 사회적 도덕적 가치를 포함하는 보다
더 넓은 시도라고 생각한다. 개인이 가진 이러한
측면들이 일상적인 실천으로 통합되지 않는 한,

인지적 역량을 넘어 정서적, 인성적 역량
강화 교육을 강조한 하워드 가드너
〈출처 : Virtual School, Meanderings〉

교육은 효과가 없거나 더 심각하게는 인간성이라는 개념에 대립하는 개인을 만들어 낼 것이다." 교육을 통해 길러내고자 하는 인재는 단순히 지식을 많이 소유하고 머리가 좋은 사람이 아니라 지식과 함께 더 나아가 올바른 인성을 가진 사람이어야 한다는 주장이다. 실제로 머리 하나는 수재라고 평가받는 법조인들이나 고위 공무원들이 자신의 능력을 사회 공동체의 이익과 발전을 위해 쓰는 게 아니라 탈세나 부정부패에 가담하는 등 자신의 이익을 위해 악용하다가 적발되는 경우가 종종 뉴스에서 흘러나온다. 교육에서 지식뿐만 아니라 정서적 영역이나 인성을 함께 기르는 것에 대한 중요성을 엿볼 수 있는 부분이다.

교육이 사회에 필요한 인재를 기르는 사회적 역할을 감당하기 위해서는 교육과정에서 아이들에게 지식 교육과 함께 높은 수준의 사회적 지능 혹은 정서 역량을 키워줄 수 있어야 함은 물론이다. 사회적 정서 역량은 자신의 감정과 정서를 관리할 줄 아는 능력은 물론이고 "사람과 더불어 살기 위해 다른 사람의 감정과 정서를 이해하고 공감하고 협력할 수 있는 능력"을 의미한다. 사회적 정서 역량의 핵심은 타인과의 소통 능력과 협력적 인성이다. 이러한 사회적 정서 역량은 21세기 인재가 갖추어야 할 핵심 역량으로 언급되는 의사소통 능력과 협업 능력을 포함하는 것은 두말할 필요가 없다.

이와 같은 교육학자들의 주장에서 21세기 핵심 역량에 대한 아주 중요한 시사점을 발견할 수 있다. 21세기 핵심 역량에 대한 강조는

한 철 유행처럼 갑자기 스포트라이트를 받은 게 아니라 교육의 근본적인 목적 그 자체에 닿아있는 아주 중요한 문제라는 점이다. 사람이 공부를 하고 교육을 받는 근본적인 목적은 단순히 지식을 얻는 데에만 있지 않기 때문이다. 우리가 지식을 얻고자하는 데에는 여러 가지 이유와 목표가 있겠지만, 공부의 최종 목적은 다른 사람들과 함께 살아가는 삶 속에서 습득한 지식을 활용하고 재구성하여 복잡한 문제를 해결해내고 뭔가 가치 있는 것을 만들어내는 힘을 기르는 데에 있다고 할 수 있다.

예를 들어, 아이들이 역사를 배우는 목적은 단순히 사건의 발생 연도를 외우고 역사적 사실 자체를 달달 외워서 그저 다섯 개의 보기 중 한 개의 정답을 고르기 위한 것이 아니다. 옛날에 어떤 일이 있었는지를 지식으로만 머리에 넣어두기 위한 것이 아닌 것이다. 아이들이 역사를 배우는 궁극적인 목적은 역사적 사실을 알고 더 나아가 이로부터 중요한 역사적 교훈을 깨달으며, 이것을 현실의 문제에 비판적으로 적용할 수 있는 힘을 기르기 위해서이다. 예를 들어 신라가 삼국통일을 위해 당나라의 손을 빌렸다가 당나라의 끊임없는 간섭을 받았던 역사적 사실에 대해 배우는 건 신라가 몇 년도에 당나라와 연합하여 삼국을 통일했는지 단순히 그 사실을 알고 싶어서가 아니다. 이러한 역사적 사실을 비판적으로 평가하여, 외부 세력에게 자신의 운명을 걸어야 할 정도로 의존하면 후일 그 외부 세력에게 간섭받고 예속될 수 있다는 비판적 교훈을 배우는 것이 중요하다. 더 나아가 이러한 깨달음을 바탕으로 현재 처한 국제적인 역학관계에서 주변 강대국들에게 휘둘리지 않고 우리나라가 부닥치고 있는 문제들을 자

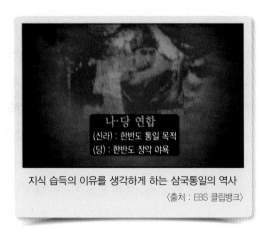

나·당 연합
(신라) : 한반도 통일 목적
(당) : 한반도 장악 야욕

지식 습득의 이유를 생각하게 하는 삼국통일의 역사

〈출처 : EBS 클립뱅크〉

주적으로 올바르게 해결하는 방향은 무엇인지에 대한 나름의 판단력을 기르는 것이 역사 공부의 궁극적인 목적이 되어야만 한다. 단순히 역사적 사실을 암기하는 데 그치는 것은 현실의 문제를 비판적, 창의적으로 해결하는 데 아무런 도움이 되지 않는 공부라고 할 수 있다. '진짜 배움'이란 배운 지식을 자신의 것으로 새롭게 구성해서 현실의 문제에 응용하여 문제를 발견해내고 이를 창의적으로 해결해낼 수 있는 능력을 키우는 것이다. 이러한 진짜 배움은 바로 다름 아닌 21세기 핵심 역량을 키우는 공부와 직결된 문제라고 할 수 있다.

20

미래 인재의 핵심 역량을 키우는 "말하는 공부"

4차 산업혁명이라는 거대한 변혁기를 맞아 이제 교육은 아이들이 미래 사회에서 경쟁력 있는 인재로 자라날 수 있도록 핵심 역량을 길러줄 수 있어야 한다. 지금까지 핵심 역량이 왜 중요하며 아이들에게 '어떤' 역량을 길러주어야 하는지에 대해 살펴보았다. 그러나 보다 중요한 문제가 남았다. 어떻게 하면 우리 아이들이 21세기의 핵심 역량인 창의력과 비판적 사고력, 의사소통 능력과 협업 능력을 기를 수 있게 할 수 있을까? 아이들이 생각하는 힘을 길러 미래 사회의 경쟁력 있는 인재로 성장하게 하려면 '어떻게' 가르치고 배우게 할 것인가?

일반적으로 이런 질문에 대해 택하는 방식은 다음과 같다. 기존의 교육 체계는 그대로 두고 뭔가 새로운 것을 추가하는 것이다. 실제로 학생들에게 교과 과목 외에 다양한 경험을 할 수 있도록 하기 위해 토요일에 학생들을 죄다 학교로 불러내어서 의무적으로 뭔가 '특별한' 활동을 하도록 한 적도 있었다. 이런 점은 학교만 그런 것이 아니라 학부모들도 매한가지이다. 아이들에게 다양한 경험을 할 수 있도록 해주는 게 유행이니 다니던 수학 학원, 영어 학원, 논술 학원은 그대로 다니게 하면서도 산이며 들이며 자꾸 캠프를 보내는 것이다. 이런 마당이니 위의 질문에 대해 쉽사리 예상할 수 있는 답변은 다음과 같다. "초, 중, 고등학교 교과과정에 창의력이나 의사소통에 관한 과목이라도 새로 추가해야 하지 않을까? 과목 이름은 '미래사회와 창의력' 정도면 괜찮겠다." 혹은 "우리 아이, 창의력 향상 캠프가 많이 생겼다던데 거기로 보내면 되지 않을까?"

그런데 여기서 중요한 것은 핵심 역량을 키우는 교육과 지식을 습득하는 교육을 완전히 별개의 다른 것으로 이해해선 안 된다는 점이다. 지식을 가르치고 배우는 과정에서 자연스럽게 함께 얻을 수 있는 것이 핵심 역량이기 때문이다. 가령 의사소통 능력은 일반적인 수업 상황처럼 학생들을 죽 앉혀놓고 선생님이 혼자 학생들에게 설명한다고 해서 기를 수 없다. 백날 선생님이 경청에 대한 학자들의 이론을 줄줄 설명한다 한들 실제 상황에서 아이들의 의사소통 능력이 크게 향상되는 게 아닌 것이다. 아이들이 실제로 대화를 하면서 우여곡절 끝에 어떻게 의사소통을 해야 하는지 스스로 경험해볼 수 있어야 한다. 연애를 글로 배울 수 없는 것처럼 핵심 역량 역시 선생님이 일방적으로 가르친다고 해서 향상시킬 수 없다. 즉 핵심 역량을 키우는 교육은 '무엇을 가르칠 것인가'하는 교육 과정만의 문제가 아니라 오히려 '어떻게 가르치고 배울 것인가'하는 교육 방법에 관한 문제라고 할 수 있다. 결국 '지식 전달을 중점적으로 하는 일반 교과 과정과 역량 교육을 어떻게 하면 잘 버무릴 수 있을 것인가?'하는 관점에서 시작해야 하는 것이다.

이렇듯 21세기의 핵심 역량은 선생님이 일방적으로 가르친다고 해서 학생들이 받아갈 수 있는 게 아니다. 핵심 역량을 키우는 데서 중요한 것은 바로 공부하는 방법이다. 21세기 핵심 역량은 교사 중심의 교육이 아니라 학생 중심의 참여교육을 통해 키워질 수 있다. 어디까지나 강의를 그저 멍하니 듣는 게 아니라 적극적으로 수업에 참여하여 자기 생각을 말하고 표현하는 공부를 해야 생각하는 힘이 길러질 수 있다는 것은 당연하다. 친구와 협동하며 토론하는 공부를 통해 동료들과 소통하고 협력하는 연습을 거듭해야만 의사소통 능력과 협업 능력이 쌓일 수 있는 것이다.

따라서 핵심 역량을 키우는 교육은 공부 방법을 바꾸지 않고서는 제대로 이뤄질 수 없다. 교사가 일방적으로 지식을 전달하고 학생은 입을 다문 채 앉아 수동적으로 받아들이기만 하는 공부로는 이러한 역량을 결코 키울 수 없다. 요리를 할 때 비슷한 재료로 새로운 맛을 내고 싶다면 요리 방법 자체를 바꿔야만 하는 것과 같은 이치다. 만두를 계속 물에 넣어 삶으면서 군만두의 맛이 나길 기대해선 안 된다. 이젠 방법을 아예 바꿔서 만두를 튀길 때다. 핵심 역량을 키우는 새로운 교육은 교실에서 공부하는 방법 자체를 바꾸어야 가능한 것이다.

그렇다면 구체적으로 공부하는 방법을 어떻게 바꾸어야 할까? 한 마디로 말하자면, '듣는 공부'를 '말하는 공부'로 바꿔야 한다. 듣기만 하는 수동적 학습이 아니라 말하기를 통해 수업에 적극적으로 참여하는, 아이 중심의 주도적인 배움(Learning)으로 바꿔야 한다. '혼자 하는 공부'가 아니라 친구들과 협력하고 토론하는 '함께 하는 공부'로 바꾸어야 한다. 선생님뿐만 아니라 친구들과 토론을 통해 말로 표현하고 소통하는 공부를 해야 의사소통 능력이 커질 수 있기 때문이다. 지식을 머릿속에 '집어넣는 공부'가 아니라 생각을 '끄집어내는 공부'로 바꿔야 한다. 이는 아이들이 호기심을 갖고 질문하고 자신의 생각을 말하고 표현하는 과정에서 창의력과 비판적 사고력과 같은 '생각하는 힘'을 기를 수 있기 때문이다.

아이들이 생각하는 힘을 기르는 데서 질문과 말하기는 매우 중요하다. 아이들이 어느 정도 말을 트기 시작하면 이 세상 모든 것에 대해

학생이 주인공이 되는 학생 중심 참여 교육-토론 후 발표하는 모습

'왜?'라는 질문을 던지기 시작한다. 이 질문들은 성인인 부모의 입장에서는 너무나도 당연한 것들이거나 대답하기가 영 까다롭기 짝이 없다. 예를 들어 책은 왜 네모 모양으로 생겼는지, 별은 왜 빛나는지와 같은 것들이다. 사실 복잡한 과학적 사실이 얽혀있거나 부모들도 잘 모르는 경우가 많은데다가 이걸 또 아이들의 눈높이에 맞춰 설명을 해줘야 하니 여간 까다로운 일이 아니다. 게다가 질문이 하나가 아니라는 게 더 문제이다. 꼬리에 꼬리를 물고 질문이 이어지는데 그렇게 되다보면 사랑이나 우정 같은 말로는 설명하기 힘든 개념을 설명해줘야 할 때가 기필코 찾아온다. 이런 상황에서 많은 부모들이 아이의 질문을 무시하거나 오히려 가로막기까지 하기 십상이다. "조용히 해!" 이렇게 아이들의 호기심이 가로막히고 또한 궁금증을 꺼내는 데 있어 제한을 받는 과정에서 아이들은 점점 많은 것들에 대한 의문을 묻어버리고, 아이들의 상상력과 창의력 역시 멈추게 된다. 아주 기초적인 호기심을 질문을 통해 표출하고, 다른 사람들과 대화하며 이 질문에 대해 다시 고민해보고 이것을 다듬어가는 과정에서 나의 생각이 숙성되고 발전하기 때문이다. 즉 질문과 토론을 통해 자신의 의견을 나누고 생각을 표현하는 과정에서 아이들은 생각의 재료를 얻고 생각하는 방법을 알아가게 되며, 궁극적으로 '생각하는 힘'을 키울 수 있게 되는 것이다. 또한 이 과정을 통해 논리적인 표현력과 의사소통 능력도 함께 기를 수 있다. 자신의 의견을 내놓으며 친구들과 이야기를 할 때 타인의 의견을 이해하며 존중하는 방법을 터득할 수 있기 때문이다. 더 나아가 친구들과 함께 문제를 해결하는 과정에서 친구의 의견을 경청하고 서로의 의견 차이를 조율하며 협력할 줄 아는 민주

시민의 자세를 배울 수 있게 되는 것이다.

그런데 역량 교육을 이해하는 데서 주의해야할 것이 있다. 창의력이나 비판적 사고력을 바로 단계적, 위계적으로 이해하는 잘못에서 벗어나는 것이다. 이러한 관점은 교육에는 단계가 있어서 전 단계가 해결이 되지 않으면 다음 단계로 넘어갈 수 없다는 생각을 기반으로 하고 있다. 높은 지적 능력을 얻기 위해서는 그 전에 기초적인 사고 재료들이 먼저 충분히 마련되어야 한다는 생각이다. 쉽게 이야기하면 피아노로 '캐논'을 연주하기 위해선 일단 기본적인 음계를 이해하고 이를 칠 수 있는 피아노 운지법을 익혀야 하듯, 창의력과 비판적 사고력은 상대적으로 높은 지적 능력에 속하므로 기초가 될 수 있는 지식을 충분히 쌓고 일정한 수준의 생각을 할 수 있는 정도가 되어야 비로소 만들어질 수 있다고 보는 것이다. 따라서 일단 아이들이 기반이 되는 기초 지식을 습득할 수 있도록 지도하고 일정 단계가 지난 이후에나 창의력과 비판적 사고력을 키우기 위한 교육을 시작하는 것이다. 이는 어떻게 보면 현재 존재하고 있는 지식 암기 위주의 주입식 교육 방식을 옹호하는 논리로도 이해할 수 있다. 물론 창의성은 지식을 바탕으로 하는 것이기 때문에 지식을 습득하는 것이 중요하고 반드시 필요하다. 무(無)에서 유(有)를 만들어낼 수는 없는 노릇이니까. 하지만 이것이 지식을 습득한 후 그 수준이 일정 단계에 도달한 다음에서야 그 다음 단계로 넘어가서 창의성이 나올 수 있다는 것을 의미하지는 않는다. 교육과혁신연구소의 이혜정 소장은 지식을 '받아들이는 학습'과 비판적이고 창의적인 시각으로 생각을 '꺼내는 학습'

은 단계를 밟아가며 하는 것이 아니고 동시에 이뤄져야 한다고 강조한다. "지식을 습득하는 능력과 지식을 창출하는 능력은 하나가 끝나야 다른 하나가 시작되는 단계적인 관계가 아니기 때문에 모든 수업에서 동시에 적용되고 연습되어야 한다."는 것이다.

이렇듯 지식과 더불어 핵심 역량을 기르기 위해선 특별한 시기나 별도의 교육과정이 필요한 것이 아니라, 이것들을 키우기 위한 훈련이 모든 교과에서, 모든 수업에서 계속 이루어져야 한다. 몸을 건강하게 유지하기 위해서는 끼니를 거르지 않고 식사를 제대로 하면서 매일 꾸준하게 운동을 하여 근육을 키워야만 하는 것처럼, 학습에 있어서도 생각의 근육을 모든 학습에서 계속 단련해야 하는 것이다. 선생님이 알려주는 지식을 그저 열심히 습득하고 암기하다보면 어느 순간 갑자기 번쩍이는 섬광처럼 눈이 뜨여 비판적 사고력과 창의력이 솟구치듯 뿜어져 나오는 게 아니다. 학습을 하는 과정에서 비판적 관점에서 질문해 보고 남과 다른 관점에서 창의적으로 생각해 보는 공부를 해야 비판적 사고와 창의력이 길러질 수 있는 것이다.

'몰입'에 대한 이론으로 유명한 칙센트미하이(Mihaly Csikszentmihalyi, 1934~)는 "창의력이란 날 때부터 타고 나는 것이 아니라 스스로 계속적인 노력을 하면서 나중에 만들어지고 발전되는 능력"임을 강조하고 있다. 일상적

창의력은 노력으로 만들어지는 후천적 능력임을 강조한 심리학자 칙센트미하이
〈출처 : TED〉

인 공부 방법을 바꿔 지식을 집어넣는 공부에서 벗어나 생각을 끄집어내는 훈련을 하는 과정에서 후천적으로 만들어지고 단련되는 것이 바로 생각하는 힘이고 창의력인 것이다.

앞서 이야기했듯이, 우리 아이를 21세기가 요구하는 바람직한 인성을 갖춘 사람, 21세기 핵심 역량을 가진 창조적 인재로 키우기 위해서는 가장 먼저 가르치고 배우는 방법을 바꾸는 것이 필요하다. 자신의 생각을 표현하는 공부를 해야 생각하는 힘과 습관이 길러질 수 있다는 것은 너무나 당연하다. 다른 사람들과 토론하며 질문하고 논쟁하는 공부, 한마디로 '말하는 공부'를 해야 한다. 그래야 아이들이 지식을 자신의 관점에서 해석하고 비판적으로 평가하며 나아가 자신만의 창의적인 생각을 만들어낼 수 있는 사람으로 성장해 나아갈 수 있는 것이다. 생각의 주인이 엄마도, 선생님도, 친구도 아닌 오롯이 자기 자신인 사람이 될 수 있는 것이다. 이제 교육의 흐름은 '말하는 공부'로, 아이 중심의 능동적 배움으로, 질문하는 공부로, 생각을 표현하고 토론하는 공부로 바뀌어야 한다. 여기에는 비단 교육 정책가와 선생님뿐만이 아니라 부모들까지 관심을 가지고 공부 방법을 바꾸는 데 참여해야 한다. 결국 아이들은 부모의 손을 가장 많이 타기 때문이다.

다행히도 최근 우리나라에서도 교실수업에서 핵심 역량을 키우기 위한 학생중심의 창의적 참여수업방식을 도입하려는 시도가 전국적으로 빠르게 퍼져나가고 있다. 토론학습, 협력학습, 배움의 공동체,

문제중심학습(PBL), 플립러닝, 거꾸로교실, 하브루타 등 이름은 모두 다르고 구체적인 수업방식이 조금씩 다를 수 있지만, 이 모든 수업방식을 꿰뚫는 공통적인 핵심은 바로 '말하기'에 있다. 최근 시도되고 있는 다양한 수업이론의 중심에는 '말하는 공부'가 있다. 팀별 토론과 다양한 말하기 학습을 통해 생각하는 힘을 기르고 서로 소통하고 협력하는 사회적 지능을 키우는 공부! 이것이 바로 이러한 새로운 학습법들이 공통적으로 가고자 하는 핵심적인 방향이다.

　이제 '말하는 공부'로 교육의 근본 틀을 바꿔야 할 때다. 입을 열어 자기 생각을 표현하고 서로 소통하는 공부가 21세기 핵심 역량을 키울 수 있는 공부다. 질문을 통해 호기심을 키우고 토론을 통해 생각하는 힘을 길러야 한다. 비판과 창의, 소통과 협력이 넘쳐나는 공부를 통해 핵심 역량을 키우기 위해서는 아이들이 입을 열어 자기 생각을 말하는 데

말하기를 통해 수업에 능동적으로 참여하고 자기 생각을 표현하는 공부를 할 수 있다

서부터 시작해야 한다. 말하기를 통해 생각하는 힘을 키우는 공부, 더 나아가 학생이 오롯이 자기 자신의 주인이 되는 공부! 이것이 바로 미래 인재가 필수적으로 갖추어야 할 핵심 역량을 키우는 최고의 공부다.

아이의 질문과 호기심은 '생각의 힘'의 시작

〈출처 : 조선일보〉

21

학생이 주인인 교실; 플립러닝(Flipped Learning)과 말하는 공부

학생 중심의 참여학습에 기반한 '말하는 공부', 더 나아가 학생이 오롯이 자기 자신의 주인이 될 수 있는 공부가 이루어지는 교실을 만들기 위해 교육계에 다양한 방법이 시도되고 있다. 이러한 변화의 바람 중 최근 전 세계적으로 교육계를 휩쓸고 있는 학습법이 플립러닝(Flipped Learning)이다. 플립러닝은 우리나라에서도 학교와 학원과 같은 여러 교육 기관에서 미래교육이 나아가야 할 방향으로 환영받으면서 급속하게 확산되고 있다. 이 장에서는 현 교육계의 핫 이슈인 플립러닝이 추구하는 핵심이 무엇인지 알아보고, 최종적으로 우리가 우리 아이들의 교육을 위해 나아가야 할 방향을 살펴보려 한다.

최근 몇 년 사이 전 세계 교육계에 새로운 변화의 바람이 불고 있다. 4차 산업혁명의 시대를 맞이하여 전 세계적으로 미래의 핵심 역량을 기를 수 있는 교육 형태로 나아가고자 하는 것이다. 우리나라에서도 교육 현장으로부터 이러한 교육 방법의 변화가 초중고를 넘어 대학에까지 광범위하게 일어나고 있다. 지식 전달 중심의 기존 교육방식에서 벗어나 미래 인재가 갖추어야 할 핵심 역량을 키울 수 있는 학습법으로 관심이 집중되고 있는 플립러닝이 바로 그것이다.

지금까지는 교실에서 교사가 일방적으로 지식을 설명해주면 집에서 숙제를 하면서 복습을 하는 것이 일반적이었다. 거꾸로교실(Flipped Classroom)이라고도 불리는 플립러닝은 이것을 거꾸로 뒤집은 것이다. 수업 전에 미리 학습내용을 예습한 후에 교실에서는 예습한 내용을 바탕으로 질문과 토론을 통해 지식을 응용, 심화시키는 수업방식이다. 기본적인 지식의 습득은 예습으로 해결하고, 교실에서는 학생들이 학습과정에 능동적으로 참여하여 질문과 토론, 소통과 협력을 통해 지식을 응용, 발전, 확장, 창조하는 활동에 주력하는 수업방법이다. 한마디로 토론과 협력을 통해 '생각하는 힘'을 키우는 수업방식이라고 할

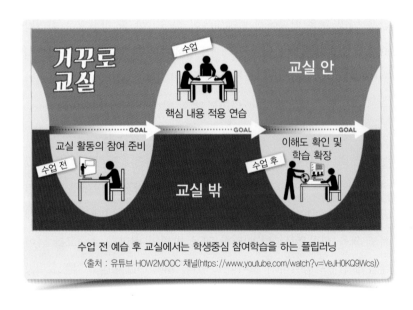

수업 전 예습 후 교실에서는 학생중심 참여학습을 하는 플립러닝

〈출처 : 유튜브 HOW2MOOC 채널(https://www.youtube.com/watch?v=VeJH0KQ9Wcs)〉

수 있다. 교사 중심의 지식 전달식 교육에서 벗어나 학생 중심의 참여학습에 기반하여 21세기 핵심 역량을 키울 수 있는 교육방식이라는 측면에서, 플립러닝은 4차 산업혁명의 시대에 미래교육이 나아가야 할 방향과 맞닿아 있다고 할 수 있다. 플립러닝이 단순한 학습법으로서가 아니라 21세기 미래 교육의 거대한 패러다임의 변화로 주목받는 이유다.

플립러닝은 하나의 정형화된 수업이론이라기 보다는 학생의 참여나 능동적인 활동학습이 중심이 되는 수업 형식이나 틀이라고 이해할 수 있다. 플립러닝에는 딱 하나로 정해진 수업모델이 있지 않다. 선생님이 수업을 어떻게 구성하느냐에 따라 학생들의 능동적인 참여와 활동이 다양하게 이루어진다. 교과목의 성격에 따라, 혹은 수업에서 얻고자하는 목적에 따라 수업구성을 자유롭게 계획할 수 있다. 가령 국어 시간에 연극의 특징에 대해 배운다면, 연극의 특징이 뭔지 사전 학습을 통해 먼저 공부한 다음 실제 수업시간에는 친구들과 머리를 맞대고 연극을 만들어보고 직접 체험해볼 수 있을 것이다. 이 과정을 통해 학생들은 연극이 어떤 것이구나 하는 것을 미리 배운 내용들과 함께 생생하게 몸으로 느낄 수 있다. 기존의 다양한 학생중심의 구성주의 수업방식은 플립러닝의 수업모델과 결합할 때 가장 잘 이뤄질 수 있다. 이렇게 볼 때, 플립러닝은 학생들이 능동적으로 학습 과정에 참여하여 생각하는 힘을 기르고 제대로 배움을 얻게 하고자 하는 교육 모델이라고 할 수 있다.

일종의 기본적인 수업 형식이나 틀인 만큼, 플립러닝은 다양한 학습 방식과 결합될 수 있다. 학생의 참여 활동과 '말하기'가 중심이 되는 학생 중심의 다른 교육 방식과 죽이 잘 맞는다. 플립러닝은 하브루타, 또래 가르치기, 질문 수업, 팀별 협력학습, 프로젝트학습, 토론발표 수업 등과 같은 여러 가지 학생중심의 구성주의 수업방식을 통합시킬 수 있다. 플립러닝에서 이뤄질 수 있는 학생 중심 참여학습 방식을 '말하는 공부'의 관점에서 몇 가지 사례를 들어 설명하면 다음과 같다.

유대인들이 전 세계적으로 놀랄만한 성공을 거두는 비결로 새롭게 조명되면서 주목받고 있는 하브루타 교육법은 1:1로 친구끼리 짝을 지어 설명하고 대화하고 토론하고 논쟁하는 공부, 그야말로 '말하는 학습법'

동료끼리 짝을 지어 설명하고 토론하는 유대인의 교육법 – 하브루타

〈출처 : IERS〉

이다. 일종의 또래 가르치기 혹은 또래 협력학습이라고 할 수 있다. 예습한 기초적인 지식이나 개념을 제대로 이해하고 있는지를 점검하는 데 매우 효과적인 방법이다. 사전에 학습한 예습 내용을 옆에 앉은 학생들끼리 둘 씩 짝을 지어 서로 질문을 통해 개념을 확인하거나 기초적인 문제를 함께 해결하는 방식으로 진행하면 효율적이다. 또한 지식을 단순하게 습득하고 암기하는 공부를 넘어서 토론을 통해 지식을 비판적으로 평가하고 자신의 창의적인 생각을 발전시킬 수 있는 공부법이다. 어떤 것을 말로 설명할 때 90%를 기억한다는 연구 결과를 생각해 볼 때, 배운 내용을 설명하고 친구를 가르쳐주는 학생이 실상 가장 효과적으로 지식을 내면화하는 최고의 공부를 하는 셈이다. 또래의 눈높이와 언어로 설명을 하기 때문에 설명을 듣는 학생도 더 쉽게 이해할 수 있다. 하브루타 수업이나 또래학습이 학습효과가 높은 이유다.

문답식 수업은 교사와 학생, 학생 상호간에 질문과 답변이 오가는 방식으로 진행하는 '말하는 공부'다. 배움이란 질문과 답변이 오가는 과정에서 제대로 일어나는 것이라는 점에서, 문답식 수업은 특히 교사가 다수의 학생들에게 호기심을 촉진하고 학습과정에 몰입시키는 데 효과적인 수업방식이다. 학습에서 질문은 매우 중요하다. 질문

교사와 학생간 질문과 답변이 오가는 문답식 수업

을 하기 위해서는 깊이 있게 생각해야만 한다. 질문에 답변하기 위해서도 학생들은 계속 생각해야만 한다. 답변을 머릿속에서 준비하고 실제 답변하는 과정에서 학생들은 자기 생각을 체계적으로 정리하고 생각을 확장한다. 질문 수업을 하면 교사의 입장에서 학생의 이해 여부를 정확하게 파악할 수도 있지만, 학생의 입장에서는 자신이 아는지 모르는지를 스스로 파악하는 메타인지능력을 확장시킬 수 있다. 안다고 생각했는데 막상 질문에 답을 하려다 보니 잘 설명을 할 수 없으면 그것은 모르는 것이다. 아는 것은 설명하는 과정에서 다시 한 번 두뇌에 각인되고, 모르는 것은 재인지 학습을 통해 완전하게 알게 된다. 질문을 하고 입을 열어 자기 생각을 표현하는 공부를 해야 '생각하는 힘'을 키울 수 있는 것이다. 질문할 수 있는 힘을 기르는 것이야말로 비판적 사고력과 창의력의 출발점이다. 교사의 입장에서 학생들이 수업에 몰입하여 끊임없이 생각하게 하려면 좋은 질문을 계속해서 던져 호기심을 자극하고 생각을 확장하게 하면 된다. 교사는 창조적 생각을 끌어내기 위해 관점을 바꾸고 뒤집어서 생각해 볼 수

토론과 말하기는 생각하는 힘과 소통 능력을 키운다

있도록 창의적 질문과제를 던질 수 있다. 주제에 대해 비판적 사고로 확장할 수 있도록 '왜'에 대한 근본적 질문을 할 수도 있다.

팀별 협력에 바탕을 둔 토론발표 수업은 예습한 내용을 바탕으로 지식을 확장하고 생각을 창안하는 수업에 효과적이다. 일종의 팀별 협력적 말하기 수업이다. 최근 주목을 받으면서 논의되고 있는 프로젝트학습이나 문제기반학습도 사실 동일한 원리다. 조별로 팀을 짜 문제를 해결하는 과정에서 서로 다양하고 창의적인 생각이나 의견을 모으고 소통하는 방식으로 창의적 사고 활동이나 응용 활동을 전개할 수 있다. 창의적인 문제해결 방안이나 토론을 통해 모아진 생각을 팀별로 발표하는 학습 활동을 통해 창의력뿐만 아니라 팀원들 간의 협업 능력과 의사소통 능력을 함께 키울 수 있는 수업방식이다. 다양한 배경의 서로 다른 학생들이 함께 서로 돕고 소통하는 공부를 통해 동료들과 관계 맺는 법과 경청하고 소통하는 능력을 자연스럽게 키우는 수업이다. 서로의 차이를 인정하면서 함께 문제를 협력하여 해결해 나가는 과정에서 융합적, 협력적 문제해결능력을 키울 수 있다.

한편 다시 플립러닝 그 자체로 돌아가면, 최근 주목을 받고 있는 뇌과학은 플립러닝에 힘을 보태준다. 뇌과학 학습이론은 학생들이 학습한 지식과 정보를 이해하고 기억하며 필요할 때 자유자재로 꺼내 쓸 수 있게 하려면, 학습자가 학습과정에 능동적으로 참여하여 베틀로 베 짜듯 뇌 속에서 지식을 구성해나가는 과정을 제 힘으로 해야 한다고 결론을 내린다. 인간의 뇌는 능동적으로 학습을 할 때 제대로 배

플립러닝은 최신의 뇌과학 연구
성과에 부합한다
〈출처 : 카이스트(http://bce.kaist.
ac.kr/?mid=bce_program3)〉

운다는 것이다. 배운 내용을 스스로 요약하여 정리해 보고, 질문과 답변을 통해 배운 지식을 써먹고 넓히는 활동을 해야 돌에 조각하듯 지식이 두뇌 속에 단단히 각인되게 된다. 또한 친구를 가르쳐 주면서 배운 지식을 다시 꺼내 사용해 보고, 말로 설명하는 과정에서 메타인지를 활성화시켜 학습한 내용을 두뇌 속에 재구성하는 과정을 거쳐야 지식이 확실하게 이해되고 머릿속에 오래 남는다. 배운 개념과 지식을 실제 문제를 해결하는 과정에서 다시 적용해 보고, 토론 과정에서 배운 지식을 비판적으로 분석하고 창의적으로 다시 생각해보는 과정을 거쳐야 깊이 있는 배움이 일어난다. 한마디로 배운 내용이 원석이라 한다면, 메타인지를 활용해 이 원석을 머릿속에서 쉼 없이 굴리고 어디다 써먹어 보기도 해야 비로소 깎여나간 원석은 가치 있는 보석이 되어 머릿속에 남는 것이다. 수동적으로 듣기만 하는 공부는 오래 가지 못한다. 뇌에서 제대로 배움이 일어나지도 않을 뿐더러 이해한 내용도 금방 뇌에서 사라져버리기 때문이다. 학습자의 능동적인 참여와 활동을 통해 지식을 머릿속에 구성하는 과정을 거쳐야만 학습 내용이 장기기억에 남아 오랫동안 기억될 수 있다는 것이 뇌과학의 연구 결과다. 학생이 제 힘과 관심으로 참여하는 공부만이 뇌에서 '배움'이 제대로 일어나고 오래 남는 '진짜 공부'라는 것이다. 학생 중심의 참여학습인 플립러닝이 뇌과학의 최신 연구 성과에 부합하는 학습법이라고 할 수 있다.

학생들의 두뇌 속에 제대로 배움이 일어나도록 공부에 대한 근본 관점과 방법을 거꾸로 뒤집은 것이 플립러닝이다. 교사가 아니라 학생이 배움의 주인공이다. 교사의 강의(Teaching)가 아니라 학생의 배움(Learning)으로 관점의 중심을 바꾸자는 것이다. 교사의 강의 기술보다 수업 시간에 학생들의 뇌가 활성화되어 진짜 공부하고 있는가, 학생들이 배움에 실제로 참여하고 있는가를 주목하자는 것이 플립러닝이 추구하는 근본 철학이다. 한마디로, 학생의 배움을 중시하는 학생 중심의 수업모델이다. 플립러닝은 기존의 전통적인 교육방식을 거꾸로 뒤집었다는 점에서 교육의 역사에서 매우 중대한 의미를 갖는다고 할 수 있다. 플립러닝을 단순하게 바라보면 강의와 숙제를 뒤바꾼 것이다. 하지만 단순한 수업 형식을 넘어 본질적인 수업 내용을 볼 때, 플립러닝은 교사 중심의 수업을 학생 중심의 창의적인 배움으로 교육방식과 교육 내용을 거꾸로 뒤집은 것이라고 할 수 있다.

한편 플립러닝은 디지털 기술이 폭발하듯이 발달하고 있는 디지털 혁명의 시대를 맞아 비로소 등장할 수 있었다고 할 수 있다. 교육이 기술과 결합하여 다양한 가능성을 보여주고 있는 것이다. 지능형 온라인 학습관리프로그램, 다양한 디지털 콘텐츠와 입체적인 학습 영상, 온-오프라인이 융합되는 블렌디드 러닝(Blended Learning), 그리고 시간과 공간을 초월하여 상호 작용할 수 있는 유비쿼터스(Ubiquitous) 학습 플랫폼 등과 같은 혁신적인 디지털 기술들이 플립러닝을 원활하게 진행할 수 있는 기술적 환경을 제공해주고 있다. 이미 MOOC(Massive Open Online Courses, 대중적인 온라인 무

MOOC와 같은 다양한 온라인 학습 플랫폼을 통해 수업내용을
예습할 수 있다

〈출처 : dzone.com〉

료강의 사이트)라는 학습 플랫폼에서 세계 최고 석학들의 강의를 공
짜로 들을 수 있는 시대가 되었다. 무크뿐만 아니라 수많은 온라인
학습매체에는 입체적인 영상과 다양한 디지털 학습 자료들이 넘쳐난
다. 학습 내용을 집에서 미리 손쉽게 배울 수 있는 다양한 기술적 수
단이 넘쳐나고 있는 것이다.

그러나 디지털 기술이 플립러닝을 뒷받침하는 기술적 환경을 제공
해주고 있지만 기술은 어디까지나 수단에 불과하다는 점을 잊지 말
아야 한다. 디지털 기술은 사전 학습을 유연하게 할 수 있는 수단을
제공해주는 것일 뿐, 플립러닝의 본질은 기술에 있는 것이 아니라 교실
에서의 수업 방식의 변화에 있다고 할 수 있다. 아무리 온라인이 발달
하고 기술적 환경이 개선된다고 하더라도 그것은 교실 수업에서 교
사와 학생, 학생 상호간에 이뤄지는 대면 교육의 장점을 대체하기는

쉽지 않을 것이다. MOOC에서 세계 최고 석학이 열띤 수업을 하고 있지만 그 사람의 숨결은 결코 우리를 스치지 못한다. 온라인상에서 어떤 과제를 해내면 환상적인 폭죽 소리가 울려 퍼지며 칭찬해주지만, 그것은 선생님이 다가와 나의 머리칼을 직접 쓸어내리면서 해주는 칭찬과 동기부여에는 결코 비교할 대상이 못된다.

따라서 온라인과 오프라인은 각자의 장점이 있기에 우리는 어떻게 하면 우리 아이들이 더 나은 학습을 할 수 있을 것인지 고민해야 한다. 이러한 관점에서 볼 때, 플립러닝은 양면의 장점을 결합하여 학습 효과를 높이고 학생 참여 중심 수업을 구현해내는 교육 방식이다. 디지털 매체의 효율성을 이용하면서도 사람 간의 소통과 협력이 이뤄지고 토론과 말하기를 통해 생각하는 힘을 키우는 오프라인 교실 수업의 장점을 극대화한 것이 플립러닝이라고 할 수 있다.

아이들은 토론과 말하기를 통해 생각하는 힘을 기르고 자기 생각의 주인이 된다

플립러닝은 전달식 수업을 예습으로 대체하고 교실 수업에서는 다양한 학생 중심의 참여 학습을 진행함으로써 창의력과 비판적 사고력, 협업 능력과 의사소통 능력과 같은 미래인재의 핵심 역량을 통합적으로 기를 수 있는 가능성을 열어주고 있다. 플립러닝을 통해 교실은 학생들에게 침묵의 공간에서 세상을 살아가는 데 필요한 역량을 키워주는 살아있는 실천적 공간으로 새롭게 탄생할 수 있게 되었다. 그 중심에 '말하기'가 있다. 침묵을 강요하는 수업이 아니라, 말하기를 통해 끊임없이 생각을 표현하고 생각하는 힘을 키우는 교육이 바로 플립러닝이다. 플립러닝의 본질은 학생 중심의 참여수업에 있고, 이를 떠받치고 있는 핵심적인 방법이 바로 '말하는 공부'인 것이다.

〈사피엔스〉의 저자 하라리(Yuval Noah Harari, 1976~)가 2016년에 방한해 기자간담회에서 한 이야기는 충격적이다. "현재 학교에서 가르치는 내용의 80~90%는 아이들이 40대가 됐을 때 전혀 쓸모없을 확률이 크다." 지식의 유효기간이 급속도로 단축되고 있는 시대에, 혹여 지금 조만간 쓸모없어질 지식을 시험점수를 위해 내 아이에게 암기할 것을 강요하고 있지는 않는가? 지식을 암기하는 능력과 기계적인 반복적 문제풀이 능력을 키워주기 위해 허리띠를 졸라매고 아이를 과외와 학원으로 전전시키는 행위가 사실은 내 아

유발 하라리

〈출처 : www.ted.com〉

이를 인공지능에 의해 대체될 수밖에 없는, 경쟁력 없는 인력으로 만들고 있다는 것을 진지하게 한번 생각해보았는가? 강단 앞에서 '조용히 해!'를 연발하면서 아이들을 깊은 침묵의 수렁에 빠지게 하는 나의 강의가 실상은 아이들에게 창조적 호기심과 생각하는 힘을 빼앗고 있다는 것을 교사로서 진정성 있게 반성해보았는가? 학부모나 교사, 그리고 정책 담당자라면 우리 모두 우리 아이들의 미래를 위해서 한번쯤 깊이 있게 생각해볼 일이다.

인류 문명사회를 통찰하고 있는 유발 하라리의 저서, 사피엔스

〈출처 : 인터파크 도서〉

4차 산업혁명의 거센 파도가 밀려오고 있다. 인공지능과 로봇이 빠르게 인간의 직업을 대체해가고 있는 문명의 전환기를 맞고 있다. 지식을 머릿속에 집어넣는 공부, 단순 연산 능력과 반복적인 문제풀이 능력을 키우는 공부로는 미래를 주도할 창조적 인재는커녕 오히려 인공지능에 의해 조만간 대체될 인력만을 양산할 뿐이라는 사실을 직시해야한다. 우리 아이들이 미래를 개척해나가는 데서 갖추어야 할 핵심 역량을 키우는 공부가 시급히 필요하다. 지금까지의 지식 암기 교육에서 벗어나 창의력과 비판적 사고력, 한마디로 '생각하는 힘'을 키우는 교육이어야만 한다. 나아가 소통과 협업과 같은 높은 수준의 사회적 감성적 지능을 키우는 교육이어야만 한다. 기계적으로 반복되는 단순한 일이나 전문성이 요구되었던 직업 중에서도 연산 알고리즘에 기초하여 데이터 처리할 수 있는 일은 인공지능과 로봇이 대신하고, 고차적 사고능력이 필요한 창조적인 일이나 높은 사회적 지능

이 필요한 일들이 인간에게 남겨질 것이기 때문이다. 이제 입을 열어 말을 하게 해야 한다. '말하는 공부'가 생각하는 힘을 키우고 생각을 끄집어내는 공부다. 또한 소통과 협력의 역량을 키우는 공부다. 말하는 공부로 생각하는 힘을 키우고 높은 수준의 사회적 감성적 지능을 성장시킬 때, 우리 아이들이 4차 산업혁명의 높은 파고를 힘 있게 헤쳐 나갈 탄탄한 역량을 갖추게 될 것이다.

마무리하기에 앞서 이야기 하나를 읽어보고 가자. 어렵고 난해한 이야기가 아닌, 우리 아이들에게 종종 들려주곤 했던 '여우와 신포도' 이야기 이다.

햇볕이 쨍쨍 내리쬐는 어느 여름 날 비쩍 마른 여우가 길을 걷고 있었다. 사냥에 실패해서 며칠 동안 제대로 먹고 마시지 못해 주린 배를 움켜쥐며 한탄하는 여우에게 탐스러운 포도가 주렁주렁 달린 포도밭이 눈앞에 보였다. 긴 혀를 쭉 빼며 헐레벌떡 포도밭으로 달려

여우와 신포도

〈출처 : proini.news〉

간 여우는 이내 실망하고 만다. 포도가 너무 높이 달려있었기 때문이다. 포도에 정신이 팔린 여우는 폴짝폴짝 뛰며 포도를 따먹으려 하지만 포도는 결코 닿지 않았다. 이내 완전히 지쳐버린 여우는 기절하다시피 흙바닥에 풀썩 주저앉았다. 흙먼지와 함께 쓸려오는 허탈함과 무력감…… 잠시 멍해진 여우는 이내 이 감정을 지우지 못하면 흙바닥에서 영원히 잠들 수도 있겠다는 생각이 들었다. 여우는 조용히 탐스러운 포도를 한 번 올려다본 후, 이렇게 읊조렸다. "……저 포도는 신 포도일 거야. 딸 수 있었어도 먹을 수는 없었겠지……." 그리고는 힘을 모아 간신히 몸을 일으킨 후 어딘가 먹을 것을 찾아 조용히 발걸음을 옮겼다.

이 이야기는 몹시도 갈망하지만 가질 수 없는 것에 대해 우리가 취해야 할 태도에 대해 많은 교훈을 남기고 있다. 이야기 속의 여우가 취한 태도는 체념과 자기합리화였다. 아무리 노력해도 성취할 수 없는 것에 대해 계속 미련을 갖고 아쉬워하며 사느니 "그것을 성취해봤자 별것 없을 거야" 하면서 미련 없이 잊어버리는 것이 더 속편하다는 얘기다.

그런데 자세히 살펴보면 이 이야기 속 여우의 모습에서 우리 자신의 모습을 발견할 수 있다. 아이의 성적을 올리기 위해 백방 노력하였으나, 결국 성적이 오르지 않자 특정 요인 때문에 우리 아이는 절대 높은 성적을 얻을 수 없다는 체념에 이르게 되는 것이다. 내가 한 노력이 소용없자 결국 원인은 내가 바꿀 수 없는 것에 있다고 생각하고, 아이의 성적을 절대 높일 수 없는 것으로 섣부르게 단정하는 우리의 모습이 이야기 속 여우와 닮아있다. 하지만 이야기 속의 포도가 신 포도가 아닐 수도 있고, 방법을 달리하여 접근하면 그 포도를 따먹을 수도 있다. 우리 아이의 성적도 방법을 달리 하면 얼마든지 변화할 수 있는 것이다. 우리 아이들의 인생이 걸린 문제를 자기 속편하기 위해 그렇게 쉽게 포기해버릴 수는 없다. 명심해야 한다. 부모의 성급한 판단이 우리 아이들의 가능성을 닫아버리는 무서운 결과를 초래할 수도 있다는 것을. 부모가 편하자고 편견을 갖고서 생각의 문을 닫으려 한다면 그 문의 너머, 활기와 상상력, 그리고 열정이 가라앉은 고요한 교실에 아이들은 여전히 남아 있다는 것을……

메타인지 능력은 말하는 공부를 통해 기를 수 있다

　끝으로, '말하는 공부'와 메타인지의 관계에 대해 한 마디 첨언하고
자 한다. 자신이 배우고 익힌 지식을 누군가에게 말로 이해시키고 설
득할 수 없다면, 또한 자신이 가지고 있는 지적 자원을 적재적소에
분배하고 활용할 수 없다면, 이러한 지식은 내 속에 살아있는 진짜
지식이라고 할 수 없다. 생각과 지식을 말로 표현하고 설명해 보면, 내
가 가진 생각과 지식이 과연 명료한 생각이고 제대로 된 지식인지가 드러
난다. 말로 표현하는 과정에서 생각이 명료하게 정리되지 않고 상대
를 설득하는 논리성이 부족하다면, 내 생각 어딘가에 허점이 있다는
걸 뜻한다. 내가 알고 있다고 생각했는데 막상 다른 사람에게 설명하
려다 보니 제대로 설명이 안 되고 상대를 이해시킬 수 없다면, 그 지

식은 내가 사실 모르고 있거나 안다고 착각하고 있다는 걸 의미한다. 자신의 지식과 생각을 말로 표현하고 생각을 끄집어내는 공부, 한마디로 '말하는 공부'를 통해 자기 자신의 인지 상태를 정확하게 파악해내는 공부가 메타인지 능력을 신장시키는 가장 효과적인 방법이다. 이처럼 '말하는 공부'는 생각하는 힘과 소통 능력과 같은, 21세기 미래 인재의 핵심 역량을 키우는 공부이기도 하지만, 무엇보다 우선 메타인지 능력을 키우는 매우 효과적인 학습 전략이기도 하다.

메타인지란 내가 무엇을 알고 무엇을 모르는지를 정확히 알고, 내가 하는 행동이 어떠한 결과를 가져올 것인지를 알고 기대하는 능력이다. 메타인지 능력은 학창 시절에 성적을 향상시키는 데서 결정적으로 중요한 요인일 뿐만 아니라, 장기적으로 인생을 성공적으로 살아가는 데서도 반드시 필요한 역량이라는 것을 알아야 한다. 메타인지를 통해 자신이 무엇을 알고 무엇을 모르는지를 알게 되면, 학습자는 모르는 것을 재학습을 통해 완전하게 알 수 있게 된다. 자신의 머릿속을 훤히 들여다보면서 부족한 부분을 손쉽게 보완하는, 매우 영리한 학습 전략을 사용할 수 있는 것이다. 또한 메타인지를 통해 자신의 장단점을 정확하게 파악하고 있는 사람은 자신의 장점은 극대화하고 단점은 최소화하기 위해 노력하는, 매우 성숙한 삶을 살아갈 수 있다. 삶을 살아가는 데서 자기 성찰적 반성능력은 삶을 끊임없이 개선시키는 원동력으로 작용하면서 한 사람을 성공으로 이끄는 나침반 역할을 하는 것이다. 이처럼, 메타인지는 나의 강점과 약점을 명쾌하고 정확하게 알려주는 평생학습의 멋진 친구이며 나를 온전하게 성공의 길로 인도해주는 희망의 등불이다.

참고문헌

1) 고영성, 신영준(2017), 완벽한 공부법, 로크미디어

2) 박세영(1999), IQ의 진실과 거짓, 열린전북 1권 7호

3) 박영숙, 제롬 글렌(2016), 유엔미래보고서 2050, 교보문고

4) 박형주(2016), 4차 산업혁명 시대, 무엇을 가르칠 것인가?, https://www.youtube.com/watch?v=QAPPLub_MeE (December, 15, 2016)

5) 연합인포맥스(2014), TV 10분 만에 보는 책 – 생각에 관한 생각

6) 이주호 외(2016), 프로젝트 학습을 통한 교육개혁, KDI Foucs 통권 제 66호, [세종] 한국개발연구원, https://www.kdevelopedia.org/mnt/idas/asset/2016/06/13/ DOC/PDF/04201606130144892078762.pdf (February, 2, 2017)

7) 이혜정(2014), 서울대에서는 누가 A+를 받는가 : 서울대생 1100명을 심층 조사한 교육 탐사 프로젝트, 다산에듀

8) 이혜정 외(2014), 경기도 학습부진 학생 실태와 지원 방안, 경기도교육연구원

9) 허영애(2014), 'K-WISC-Ⅳ'에 나타난 ADHD 고위험군 아동의 인지적 특성에 관한 연구, 울산대학교 석사학위논문

10) Bloom, B. S.; Engelhart, M. D.; Furst, E. J.; Hill, W. H.; Krathwohl, D. R.(1956). Taxonomy of educational objectives:

The classification of educational goals. Handbook I: Cognitive domain. New York: David Mckay Company, http://www. univpgri-palembang.ac.id/perpus-fkip/Perpustakaan/ Pendidikan%20&%20Pengajaran/Taxonomy_of_Educational_ Objectives__Handbook_1__Cognitive_Domain.pdf (February, 2, 2017)

11) EBS다큐프라임(2012), 왜 우리는 대학에 가는가, '5부. 말문을 터라'

12) EBS다큐프라임(2008), 공부의 왕도-인지 세계는 냉엄하나

13) Howard Gardner(2015), 인간은 어떻게 배우는가(류숙희 옮김), 사회평론

14) KBS1특선(2010). 습관 2부작 꼴지 탈출! 습관 변신 보고서

15) Ken Kay(2011), Becoming a 21st Century School or District : Use the 4Cs to Build Professional Capacity, Edutopia, https://www. edutopia.org/blog/21st-century-professional-development- key-kay (March, 22, 2017)

16) Klaus Schwab 외(2016), The futures of Jobs : Employment, Skills and Workforce Strategy for the Fourth Industrial Revolution, Global Challenge Insight Report, World Economic Forum, https://www.weforum.org/reports?page=5 (March, 28, 2017)

17) Kou M., Reinhard P., Stephanie L., Rudolf V. H.(2012),

Predicting long-term growth in students' mathematics achievement : The unique contributions of motivation and cognitive strtegies, child development Volume 87, Issue 5

18) NAVER 지식백과, 지능지수, http://terms.naver.com/entry. nhn?docId=72354&cid=43667& categoryId=43667 (March, 28, 2017)

19) NAVER 지식백과, 학습부진, http://terms.naver.com/entry. nhn?docId=1260890&cid=40942& categoryId=31723 (May, 30, 2017)

20) SBS(2016), 세기의 대결 '알파고 VS 이세돌' 5번기 제2국, http:// sbsfune.sbs.co.kr/news/news_content.jsp?article_id=E10007570846 (February, 5, 2017)

신의 고귀한 선물인 '메타인지'와 '의지력'을 활용해 '듣는 공부'에서 '말하는 공부'로의 패러다임 전환을 설명하는 책이다. 자기주도학습 원리의 현장 실천 KNOW-HOW와 DO-HOW를 교사와 학부모의 눈높이에 맞춘 교육 필독서이다. 이 책이야 말로 '일기일회(一期一會; 한평생 한번 만나는 기회)'의 뜻깊은 양서가 될 것이라 믿어 의심치 않는다.

김종춘

(삼육보건대학교 교수)

《메타인지와 말하는 공부》 연구진 및 검토위원

연구진 CK교수학습계발연구소

- 수석연구원 전규태
- 연구원 이다현
- 연구원 전민경
- 연구원 이성오
- 연구원 함수민

검토위원

- 류덕엽 : 서울북부교육지원청 초등교육과장
- 문종국 : 現 서울영풍초등학교 교장
  　　　　前 서울강남교육지원청 교육장
- 박민식 : CK교수학습계발연구소 전문위원
- 박성환 : 서울자양초등학교 부장교사
- 박치동 : 서울신도림고등학교 교감
- 심락현 : 강원도 봉평중 · 고등학교 교장
- 안종인 : 現 서울성일초등학교 교장
  　　　　前 서울남부교육지원청 교육장
- 여양구 : 대전흥도초등학교 교장
- 유정옥 : 서울도성초등학교 교장
- 이경희 : 서울신암중학교 교장
- 이덕정 : 서울가산중학교 부장교사
- 이상봉 : 서울용마초등학교 교장
- 최철영 : 대전대흥초등학교 교장